Harriet Hill, Margaret Hill,
Margi McCombs

Sanar las heridas del corazón de los niños

Libro del facilitador

2017

Club Sanar Corazones™

AMERICAN BIBLE SOCIETY

SANAR LAS HERIDAS DEL CORAZÓN DE LOS NIÑOS
LIBRO DEL FACILITADOR
© Harriet Hill, Margaret Hill, y Margi Mccombs
Fecha de publicación 2009
Traducido al español 2015, 2016, 2017

ISBN 978-1-937628-94-9
ABS Item 124168

Para usar con:
Libro club sanar corazones: Historias y actividades
(ISBN 978-1-937628-91-8, artículo ABS 124165)
Paquete de Recursos para Facilitadores de Club Sanar Corazones
(en línea en TraumaHealingInstitute.org)

Este libro está escrito intencionalmente en lenguaje sencillo.

A menos que se indique lo contrario, las citas bíblicas son tomadas de las
versiones *Traducción en lenguaje actual* (TLA) © 2000 Sociedades Bíblicas Unidas
o la *Reina Valera Contemporánea* (RVC) © 2011 Sociedades Bíblicas Unidas.
Las historias de la Biblia son una adaptación de las Escrituras.

Diseño: Peter Edman
Ilustraciones: Ian Dale
Traducido al español por Dora L. Burgueño y Juan G. Rojas-Hernández
Historias de Carlos y Rosa por Margaret Hill con Margi McCombs, traducido por Sheila Rivera

**Para capacitación en cómo utilizar este libro para el tratamiento del trauma, contacte a
su Sociedad Bíblica local, visite TraumaHealingInstitute.org, o escriba a traumahealing@
americanbible.org.**

📖 **AMERICAN BIBLE SOCIETY**
101 North Independence Mall East
Philadelphia PA 19106

CONTENIDO

"Dejen que los niños se acerquen a mí. No se lo impidan". —Jesús

Mateo 19:14a (TLA)

INTRODUCCIÓN

El libro *Sanar las heridas del corazón, La iglesia puede ayudar,* se publicó por primera vez en el año 2004 en respuesta a peticiones de los líderes de las iglesias de las zonas de guerra que necesitaban saber cómo ayudar a personas traumatizadas. A medida que el ministerio de tratamiento del trauma basado en ese libro se expandió, se hizo evidente que los niños también están traumatizados y, a menudo, ni siquiera tienen el lenguaje para poder expresar su dolor.

Este libro está dirigido a líderes de las iglesias que están ayudando a niños entre las edades de ocho y trece años y que son capaces de leer y escribir hasta cierto punto.* Los niños deben recibir una copia del libro *Club sanar corazones, historias y actividades.*

El plan de estudios ofrece una experiencia curativa para los niños traumatizados, como se ve en el diagrama abajo. Este gráfico ayuda a los niños a comenzar a entender e identificar las heridas de sus corazones y a aprender maneras saludables de liberar su dolor. Concluye con cosas prácticas que ayuden a los niños estar listos para afrontar nuevos retos y oportunidades.

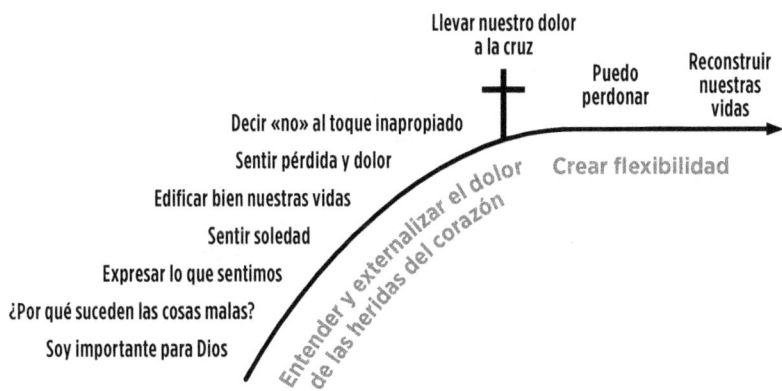

*Los Apéndices 2 y 3 tienen ideas para la adaptación de estos materiales para los adolescentes o los niños más pequeños.

Cada una de las diez lecciones de este plan de estudio se compone de dos partes:

- Una historia de la vida real sobre dos niños que sufren del trauma relacionado con la guerra, los desastres naturales o el abuso. La historia presenta el tema de la lección, y se desarrolla a través de discusión, ejercicios y manualidades.
- Una historia bíblica junto con un versículo para memorizar.

Los facilitadores reciben orientación en el uso de los materiales en una sesión de capacitación inicial en la que trabajan a través de las clases con un pequeño grupo de niños. Luego adquieren experiencia trabajando a través de las clases con niños de su comunidad. Por último, participan en una sesión de capacitación avanzada para finalizar el proceso de capacitación.

Las lecciones se pueden utilizar en un campamento, en donde se les enseña a los niños todas las lecciones en una semana, o pueden ser utilizadas en reuniones semanales en su escuela, iglesia o comunidad. En este último caso, se necesitan veinte semanas para completar todas las lecciones.

Los materiales se pusieron a prueba en Gulu, Uganda, y más tarde se han utilizado en otros países de África (principalmente bajo los auspicios de Naves de Esperanza) y en Asia. Nuestro agradecimiento a los que utilizaron por primera vez estas lecciones y nos dieron sugerencias para su mejoramiento.

Las lecciones y las Escrituras que se usan con ellas se deben enseñar en un idioma que sea fácil de entender por los niños, para que el mensaje penetre en su corazón mientras Dios comienza a sanarlos.

Donde los niños sufren otros tipos de traumas, las historias pueden ser adaptadas,* pero los mismos principios y ejercicios aplican para el tratamiento del trauma.

ESTE PRODUCTO NO ESTÁ DESTINADO PARA DIAGNOSTICAR, TRATAR O CURAR NINGUNA ENFERMEDAD. EL USO DE ESTE PRODUCTO INDICA QUE EL LECTOR ENTIENDE ESTO.

---

*El Instituto *Trauma Healing* proporciona un manual sobre la contextualización, la traducción y publicación de materiales de tratamiento del trauma.

PRINCIPIOS PARA TRABAJAR CON NIÑOS

A medida que trabaja a través de las lecciones, observe estos principios básicos para trabajar con niños:

- Haga que el programa resulte agradable. Cuanto más activo y divertido sea, más aprenderán y crecerán los niños y se beneficiarán de él.
- Organice un ambiente seguro, cariñoso, con un personal que muestre el amor de Dios y respeto por los demás.
- Los niños aprenden y experimentan con todo el cuerpo. Trate de que no permanezcan sentados durante más de quince minutos a la vez. Deténgase frecuentemente para recesos, juegos, manualidades y meriendas. Varíe los tiempos de discusiones intensas con tiempos de actividades fáciles y de relajamiento.
- Repase las sesiones previas antes de iniciar una nueva sesión. Aclare cualquier área que no se haya comprendido. Anime a los niños a leer su capítulo en el libro *Club sanar corazones* después de cada sesión y vuelvan a leerlo antes de pasar a la siguiente sesión. Si no saben leer, haga que alguien lea para ellos.
- Permita que los niños participen y compartan en su nivel de comodidad. Obligarlos a compartir cosas personales burlándose o presionándolos repite el abuso que ya han experimentado. Como líder, haga todo lo posible para nutrir y consolar a los niños.
- Cuando escuche la historia de un niño, mantenga neutras sus expresiones faciales. No exprese sorpresa u horror por algo que el niño le cuente, porque de ser así el niño podría replegarse emocionalmente.
- Tenga en cuenta que algunos niños necesitarán más atención individual después del campamento, ya sea con un consejero profesional o con usted. Haga arreglos para esto, tanto como pueda.
- Siempre sea claro con los niños sobre lo que va a hacer y cómo va a hacerlo. Asegúrese de que tanto los niños como sus padres o cuidadores entiendan claramente y acepten las razones para las sesiones de tratamiento del trauma.
- No haga promesas que no pueda cumplir.

- Algunos niños mayores de edad que hayan completado el programa pueden servir como mentores y modelos a seguir para los nuevos grupos. Trabaje con ellos en sus habilidades de escuchar y entrénelos para detectar niños que necesitan ayuda individual.
- Lea toda la lección antes de presentarla a los niños.

Nota: El trauma de los niños puede ser el detonante de su propio trauma y usted puede darse cuenta de que tiene problemas que debe explorar. Además, puede experimentar algún trauma secundario a medida que trabaja con los niños. Cuando trabaje con los niños, céntrese en las necesidades de los niños, pero encuentre un momento y una manera de conseguir ayuda para usted, si fuera necesario. Puede comenzar utilizando parte de las reuniones del personal para autoexaminarse cada día.

SESIONES DEL CLUB SANAR CORAZONES™

Los materiales de este libro se pueden utilizar en los grupos para sanar de niños, ya sea en reuniones semanales en un período de pocos meses, o en un campamento de una semana.

Las personas que participan

Facilitadores. Tener al menos un facilitador certificado en el tratamiento del trauma por cada grupo pequeño de seis a siete niños. Preferiblemente, dos facilitadores certificados deben trabajar juntos, pero también puede entrenar informalmente un ayudante adicional por cada tres o cuatro niños, para que haya dos adultos con los niños en todo momento.

Los niños. Los niños deben:

- Tener entre ocho y trece años de edad.
- Estar por lo menos en el tercer año de la escuela primaria.
- Estar traumatizados, por ejemplo haber perdido a uno o ambos padres, o haber vivido en medio de una guerra o de violencia doméstica.
- Ser capaces de cuidar de sí mismos físicamente, si el programa es residencial.

Tenga en cuenta las siguientes consideraciones legales:

- Asegúrese de que todos los niños tengan el formulario de autorización firmado por sus padres o tutores antes de participar en el programa (véase el apéndice 5).
- Verifique que los facilitadores no tengan antecedentes penales, especialmente con respecto a abusar física o sexualmente de niños. Esto puede hacerse por medio de un control policial en algunos países, o pidiéndoles una carta de recomendación de su pastor.

- Dos adultos deben estar con cada grupo de niños en todo momento. Esto proporciona un testigo si surgieran acusaciones de mala conducta, y seguridad en caso de que uno de los niños se enferme o lastime.
- Averigüe y cumpla con las políticas del gobierno con respecto a los niños en su área. Por ejemplo, en Texas, EE.UU., si un niño le comenta sobre una situación de abuso, tiene que informar de esto a una agencia del gobierno. La agencia le da un número de su informe. Si alguna vez hay un caso judicial sobre la situación del niño y se llega a saber que el niño le contó sobre el abuso y usted no lo informó, podría ser sentenciado a prisión. Si usted puede presentar el número de su informe, no correrá en peligro. Cada país y cada estado es diferente, así que averigüe las leyes y servicios en su área.

Padres o tutores. Celebrar una reunión con los padres o tutores antes, durante o después de las sesiones para ayudarles a entender:

- Lo que sus niños han aprendido.
- Cómo podría afectar esto a sus niños inicialmente y a largo plazo.
- Cómo escuchar a sus niños y apoyarlos en este proceso, con ejemplos y sugerencias.

Los sentimientos de los niños se abren a través del programa para que puedan comenzar a sanar, y puede ser que por un tiempo se comporten mal, o estén tristes, o sean mucho más activos en el hogar. Esta es una parte normal del proceso de sanar, y es temporal. Es muy difícil para los niños mantener una excelente conducta mientras experimentan los sentimientos crudos causados por recuerdos dolorosos del trauma en su pasado.

Anime a los padres y tutores a participar en un grupo para sanar de adultos para que puedan hacer frente a su propio dolor y, si fuera posible, proporcione una manera para que ellos obtengan más ayuda para sus hijos en caso de problemas en el futuro.

Un folleto para los padres compuesto por extractos de *Sanar las heridas del corazón* está disponible como parte del Paquete de recursos del facilitador del club sanar corazones, en la página de Internet: TraumaHealingInstitute.org.

Logística

Los líderes locales deben estar conscientes de las sesiones de tratamiento del trauma del Club sanar corazones y aprobar que estas se lleven a cabo en su iglesia o comunidad. Cuando el programa de niños es parte de un evento más amplio de tratamiento del trauma, la conciencia comunitaria de tratamiento del trauma es mayor y la aprobación se hace por medio de una sesión de información. Si el grupo para sanar de los niños no es parte de un programa más amplio, el facilitador deberá presentar el ministerio a los líderes locales personalmente.

Planee tener más o menos tres horas para cada lección, divididas en dos sesiones de una hora y media cada una. Si usted ofrece las sesiones en un campamento de una semana de duración, tendrá que prepararse de la misma manera que para una sesión de capacitación. Consulte la página 81.

En el apéndice 1 se presenta la lista de materiales necesarios para el uso de este plan de estudios.

Lecciones

1. SOY IMPORTANTE PARA DIOS

Materiales necesarios:
- Un cubo hecho de papel grueso o cartón (vea la página 100).
- Una pelota.
- Una esponja con tinta para estampar las huellas digitales (ciertos marcadores también funcionan).
- Un rotafolio con papel para escribir las reglas del juego.

Al final de esta lección, los niños deben ser capaces de:
- Saber que Dios creó todo de la nada.
- Saber que Dios es tan poderoso que puede hacer cualquier cosa y que gobierna sobre el mundo entero.
- Sentir que son especiales para Dios.

A. Conociéndose unos a otros

Cree un ambiente donde los niños se sientan seguros y donde sientan que sus necesidades pueden ser compartidas y llevadas a Dios para su sanidad. Los niños aprenden a través de ver, por lo tanto, muéstreles cuán especiales son. Trátelos como lo hace Dios: como personas dignas y de valor creadas a su imagen. Son especiales porque Dios los hizo y los ama. Él es nuestro Padre perfecto en quien podemos confiar y que nunca nos defraudará. Hable con los niños sobre el significado de la palabra especial: cada uno de ellos es muy importante y "único en su clase".

Comience con estos juegos y ejercicios.

SIEMPRE ASEGÚRESE DE QUE TODOS LOS NIÑOS ESTÉN INCLUIDOS EN LAS ACTIVIDADES.

¿Quién eres?

Haga rodar el cubo que ha hecho, como un dado. Haga que los niños se turnen para responder a la pregunta que está en la parte superior del cubo. Haga esto hasta que cada niño haya tenido la oportunidad de contestar al menos una pregunta.

Juego de presentación con pelota

Forme un círculo con los niños. Diga su nombre. Luego diga el nombre de alguien y láncele la pelota. El niño que atrapa la pelota dice el nombre de otra persona y le lanza la pelota. Continúe hasta que cada persona en el grupo haya tenido la oportunidad de lanzar la pelota en varias ocasiones. Si hay niños que no fueron elegidos, encuentre una manera de incluirlos, como lanzarles la pelota o preguntar si alguien sabe el nombre del niño.

Llevar el ritmo con un tambor, pues que los niños mantengan el ritmo puede lograr que el juego sea más emocionante. Es bueno comenzar lentamente la primera vez en todo el grupo y luego aumentar gradualmente la velocidad después de que cada persona haya tenido la oportunidad de jugar.

Reglas básicas

Pida a los niños que redacten reglas básicas para que el grupo funcione bien durante estas sesiones. Las reglas deben ser sencillas y pocas. Estas reglas podrían incluir: llegar a la clase a tiempo, no decirle a nadie las cosas que otros niños compartieron con ellos, asistir a todas las reuniones, orar los unos por los otros y por el grupo todos los días, no obligar a nadie a compartir, ser honesto, escuchar a los demás, no interrumpir, y así sucesivamente.

Escriba las reglas del juego y colóquelas en un lugar visible, para que los niños tengan un recordatorio de lo que se espera de ellos. *Si no se menciona la confidencialidad, asegúrese de incluirla.* Significa que lo que otros dicen en grupos pequeños no se lo cuenten a nadie fuera del grupo. Sin embargo, son libres de compartir cualquier cosa sobre sí mismos que han compartido con los demás. De hecho, es bueno que ellos cuenten sus historias personales a sus padres o tutores.

Una buena manera para que los niños pequeños entiendan la confidencialidad es explicar que la historia de cada persona pertenece a ellos, y solamente ellos tienen el derecho a decidir con quién compartirla. No debemos tomar lo que nos han contado y compartirlo con la gente—así como no tomaríamos algo que le pertenezca a una persona para dársela a otra.

B. ¿Soy importante para alguien?

Libro Club sanar corazones, página 5

"¡Vamos, Carlos! ¡Mamá va a estar preocupada!" Carlos estaba sentado en el banco donde lustraba zapatos por las tardes. Al mirar hacia arriba, se encontró con la cara sonrojada y preocupada de su hermanita de nueve años. "Es casi hora de la cena", dijo Rosa, "y mamá quiere que estemos en casa antes que oscurezca. ¡Dice que las calles son peligrosas por la noche!"

Cuando Rosa y Carlos llegaron a su casa, notaron que sus padres, su abuela y algunos vecinos estaban reunidos frente a su casa y se veían muy serios. "¿Qué está pasando?", preguntó Carlos. Pero Juan, su vecino de diecisiete años dijo, "¡Nada! ¡Vete de aquí! ¡Estas son conversaciones de adultos!" Carlos tenía once años. Pensaba que era lo suficientemente grande para saber lo que estaba pasando, así que le preguntó a otro vecino. Pero este también le dijo que se fuera, porque era muy niño. Así que Carlos se fue a jugar fútbol con sus amigos antes de tener que ir a cenar.

Mientras los adultos estaban hablando, Rosa fue a buscar a su mamá. Unos minutos más tarde, todos los adultos se despidieron y se fueron a sus casas para preparar la cena. La mamá le asignó unos quehaceres a Rosa para que ayudara en la cocina, pero se notaba distraída y preocupada, y no le contestaba las preguntas a Rosa.

Esa noche, mientras se estaban preparando para ir a la cama, Rosa le preguntó a Carlos: "¿Qué crees que está pasando? ¿Por qué los adultos se veían tan preocupados?"

"¡No sé!" contestó Carlos, "pero parece ser muy serio". Al acostarse, Rosa y Carlos se sintieron muy preocupados y asustados. Carlos pensó:

"¿Por qué nadie me dice lo que está pasando? A nadie le importa lo que yo pienso". Rosa pensaba: "Yo no le importo a nadie porque soy solo una niña".

⚙ **PREGUNTAS PARA HACER**

1. ¿Por qué Carlos y Rosa sentían que no le importaban a nadie?
2. ¿Por qué crees que tenían miedo?
3. ¿Alguna vez te has sentido de esa manera?

Explique a los niños que este campamento será para enseñarles acerca de Dios, acerca de lo importante y especial que son para él, y cómo Dios siempre los ama.

C. Dios me hizo

1. Pida a cada niño que haga un dibujo de sí mismo. Hay un espacio para esto en el libro *Club sanar corazones* (página 7).
2. Hagan un marco al dibujo con sus huellas digitales, utilizando la esponja de tinta o los marcadores.
3. Pida a los niños que comparen sus huellas digitales para que vean cómo Dios nos ha hecho de forma única a cada uno de nosotros. Hable acerca de las similitudes y diferencias en sus huellas digitales.
4. Lea el Salmo 139:13–16 en voz alta:

   Dios mío, tú fuiste quien me formó en el vientre de mi madre.
   Tú fuiste quien formó cada parte de mi cuerpo.
   Soy una creación maravillosa, y por eso te doy gracias.
   Todo lo que haces es maravilloso, ¡de eso estoy bien seguro!
   Tú viste cuando mi cuerpo fue cobrando forma
   en las profundidades de la tierra;
   ¡aún no había vivido un solo día,
   cuando tú ya habías decidido cuánto tiempo viviría!
   ¡Lo habías anotado en tu libro!

Durante este momento, enfatice que los niños no están en el mundo por error, sino que fue Dios quien quiso darles la vida.

5. Pida a los niños que compartan algo especial acerca de ellos mismos, como el lugar donde viven. Luego comparta algo especial de usted mismo (pero no un trauma que haya experimentado).

D. Dios se deleita en mí

¿En qué te deleitas? Piensa en algo que te gusta mucho. Para los niños, ¿el fútbol? Para las niñas, ¿un vestido nuevo? O, ¿una bicicleta? ¿Cómo te sientes acerca de lo que te deleita?

- Piensas mucho en ello.
- Te encanta jugar con él, ponértelo, tenerlo.
- Te sientes feliz cuando juegas con él o lo usas.
- Te sentirías triste si le pasara algo malo.

Así es como Dios se siente por ti. Él es nuestro Padre amoroso. Los padres en la tierra son humanos y no son perfectos, pero nuestro Padre que está en los cielos es perfecto y su amor por nosotros es perfecto. Él se deleita en nosotros. Él desea pasar tiempo con nosotros. Piensa en nosotros. Él quiere que seamos felices. Él cuida de nosotros y siente nuestro dolor cuando sufrimos.

Cierra los ojos. Imagínate que estás en los brazos de tu Padre celestial y él te está sosteniendo. Escucha estas palabras de la Escritura:

"Pero Dios respondió: Jerusalén, ¿acaso puede una madre olvidar o dejar de amar a su hijo? Y aunque ella lo olvidara, yo no me olvidaré de ti. Yo te llevo grabada como un tatuaje en mis manos". (Isaías 49:15–16a)

Nosotros lo amamos a él, porque él nos amó primero. (1 Juan 4:19 RVC)

Proyecto para llevar a casa

Diga a los niños que muestren a sus hermanos y hermanas o amigos cómo hacer sus propias huellas digitales, y luego que vean que son todas diferentes. Recuérdeles que les digan que cada uno de nosotros es importante para Dios.

TOME UN RECESO

E. La creación

Génesis 1 y 2

Libro Club sanar corazones, página 8

Antes de que Dios creara el mundo, solo Dios estaba allí. Nadie creó a Dios. Él siempre ha existido. Al principio, cuando Dios estaba listo para hacer el mundo y el universo entero, había solo una masa deforme, confusión y oscuridad.

En el primer día, Dios dijo: sea la luz y la oscuridad, y expresó: "¡Es bueno!"

En el segundo día, Dios hizo el agua y el cielo.

En el tercer día, Dios juntó las aguas sobre la tierra para hacer los océanos y los mares. Después habló, y todo tipo de árboles y plantas aparecieron. Cada árbol tenía sus propias semillas que podrían hacer otro árbol igual que el primero. Cuando Dios miró todo lo que había creado, dijo, "Es bueno".

En el cuarto día, Dios hizo el sol para brillar en el día, y la luna y muchas estrellas para brillar en la noche, y él dijo: "¡Es bueno!"

En el quinto día, Dios hizo todas las aves y los peces. Cada uno era diferente, y él les dijo: "Vayan y multiplíquense, hasta que se llene el agua y el cielo". Y además, Dios dijo que todas estas cosas que hizo eran buenas.

En el sexto día, Dios hizo diferentes clases de animales, como perros, gatos, caballos, vacas, elefantes y jirafas. También hizo animales aterradores como lagartos y arañas. Él hizo todos los animales diferentes entre sí, y cada uno podía tener crías que serían iguales a ellos.

Entonces Dios hizo lo más sorprendente de todo. Él hizo un hombre y una mujer. Él les dijo: "Tengan muchos hijos para que ustedes y su familia puedan extenderse a lo largo de la tierra". El hombre y la mujer eran muy especiales, diferentes de los animales, porque Dios los hizo semejantes a él. Cuando Dios terminó, vio todo lo que había hecho, y dijo: "¡Es muy bueno!"

Entonces Dios descansó de toda su obra en el día séptimo.

⚙ **PREGUNTAS PARA HACER**

1. ¿Qué había antes de que Dios comenzara a crear el mundo?
2. ¿Qué hizo Dios en el segundo día?
3. ¿Qué hizo Dios en el sexto día?

4. Cuando Dios creó al primer hombre y a la primera mujer, ¿cómo se diferenciaban de todas las demás cosas que había hecho?
5. En el sexto día, ¿qué dijo Dios después de haber terminado de crear todo?
6. ¿Crees que Dios ama su creación? ¿Cómo crees que Dios se siente cuando su creación es destruida?

F. Actividad

Pídales a los niños que hagan dibujos de las diferentes cosas que Dios creó en los días 1 al 6. Ellos pueden usar como modelo las cosas dibujadas en la página 9 del libro *Club sanar corazones*.

G. Versículo para memorizar

Génesis 1:31a (RVC): *Y vio Dios todo lo que había hecho, y todo ello era bueno en gran manera.*

Nota: Haga que los niños copien el versículo de memoria en la casilla correspondiente del libro *Club sanar corazones* en la página 10. Si las Escrituras están disponibles en un lenguaje que ellos saben mejor que el Español, pídales que copien el versículo en ese idioma. Véase el apéndice 2 para aprender ideas creativas para enseñar a memorizar versículos.

2. ¿POR QUÉ SUCEDEN COSAS MALAS?

Materiales necesarios:
- Papel de seda de colores o pañuelos faciales.
- Un trozo de cuerda o un limpiador de tuberías por niño.
- Un palo delgado por niño, para el tallo de la flor de papel.
- Tiras de papel, tijeras y una caja o un sobre pequeño.
- Las Caras de sentimientos (página 101).

Al final de esta lección, los niños deben ser capaces de:
- Decir por qué existe el pecado y el sufrimiento en el mundo.
- Saber que pueden hablar de su dolor.
- Saber que tenemos que cuidar de nuestros corazones cuando están heridos.

A. La caída

(Esta lección comienza con la enseñanza de la Biblia)

✱ REPASO

1. ¿Recuerdas algunas de las cosas que Dios creó?
2. ¿Qué quiso crear en el sexto día? [Hombre y mujer]
3. ¿Cómo se sentía Dios acerca de lo que él creó? [Era bueno]
4. ¿Creó Dios a alguien más como tú?

Génesis 2 y 3

Libro Club sanar corazones, página 11

Las dos personas que Dios hizo primero se llamaban Adán y Eva. Dios los puso en un hermoso jardín y les dio la tarea de cuidar a todas las plantas y animales en el jardín que había creado. La única regla que Dios les dio fue no comer del árbol de la ciencia del bien y del mal. Les advirtió diciendo: "Puedes comer del fruto de todos los árboles del jardín, excepto del árbol que da el conocimiento de lo que es bueno y lo que es malo. No debes comer del fruto de ese árbol; si lo haces, vas a morir".

Una de las criaturas en el jardín era la serpiente, que en realidad era Satanás. Él siempre quiere vencer a Dios y gobernar la creación en lugar de Dios. Él siempre está desobedeciendo a Dios, mintiendo y haciendo cosas malas para lastimar a la gente. Así que la serpiente se acercó a Eva y le preguntó: "¿Realmente dijo Dios que no se podía comer de todos los árboles del jardín?" Respondió Eva, "Podemos comer del fruto de todos los árboles del jardín, excepto del árbol que está en medio del jardín. Dios nos dijo que no comiéramos del fruto de ese árbol, o incluso lo tocáramos; si lo hacemos, moriremos". La serpiente dijo: "Eso no es cierto; no morirás. Dios dijo eso porque sabe que cuando comas el fruto de ese árbol, podrás ver lo que has hecho y saber lo que es bueno y lo que es malo".

Eva quería la fruta, por lo que ella comió y dio también a su marido Adán. Entonces Adán y Eva se dieron cuenta de que estaban desnudos, y comenzaron a tener miedo. Por eso, cuando Dios vino a caminar con ellos en el jardín por la noche, se escondieron de él. Cuando Dios les preguntó por qué estaban escondiéndose de él, Adán le dijo: "Estamos desnudos así que nos escondimos". Dios dijo: "¿Quién te dijo que estabas desnudo? ¿Has comido del árbol que te dije que no comieras?" Adán culpó a Eva, diciendo: "La mujer que me diste me trajo el fruto y yo comí". Entonces Dios dijo a la mujer: "¿Por qué hiciste esto?", y ella respondió: "La serpiente me engañó y por eso lo comí".

El mal siempre es el resultado de haber hecho algo malo. Dios dijo a la serpiente que tendría que arrastrarse sobre su pecho, y que habría enemistad entre la serpiente y la mujer. Dios también prometió que muchos años después, alguien de la familia de la mujer aplastaría la cabeza de la serpiente. Esto significa que esta persona iría en contra de Satanás. Entonces Dios le dijo a Eva que iba a tener dolor al dar a luz a sus hijos, y que su marido iba a gobernar sobre ella.

Dios le dijo a Adán que él tendría que trabajar muy duro para cuidar la tierra y producir alimentos. Sin embargo, Dios todavía amaba mucho a Adán y Eva. Ellos eran especiales para él a pesar de haber pecado, por lo que Dios les hizo ropa de pieles de animales.

Después, Dios los sacó del jardín, y colocó unas criaturas vivientes y una espada encendida que se revolvía en todas las direcciones en la entrada del jardín. Esto les impidió regresar de nuevo al jardín.

✺ PREGUNTAS PARA HACER

1. Al comienzo de la historia, ¿cómo se sentían Adán y Eva?
2. ¿Qué les dijo Dios que no debían hacer?
3. ¿Qué pasó para que su tiempo feliz con Dios fuera estropeado?
4. ¿Qué castigo le dio Dios a la serpiente?
5. ¿Cómo mostró Dios que todavía amaba a Adán y Eva, incluso después de haber procedido mal?

B. Actividad

Pida a los niños que dramaticen la historia.

C. Versículo para memorizar

Libro Club sanar corazones, página 13

Salmo 147:3 (TLA): *Dios sanó las heridas de los que habían perdido toda esperanza.*

TOME UN RECESO

D. ¡Despiértense! ¡Es hora de decir adiós!

Libro Club sanar corazones, página 13

A la mañana siguiente, su mamá, Ana, despertó a Carlos y a Rosa muy temprano para que pudieran decirle adiós a su papá. "Recibimos noticias que unas pandillas se han apoderado de unos pueblos cerca de aquí. Probablemente comiencen a acercarse a nuestro pueblo en uno o dos años", dijo Roberto, su papá. "El dinero que estamos ganando Carlos y yo trabajando en la zapatería apenas es suficiente para sobrevivir, mucho menos para mudarnos a otro pueblo. Así que he decidido irme, junto a otros dos vecinos, a los Estados Unidos. Si Dios quiere, podré encontrar trabajo por uno o dos años y ahorrar suficiente dinero para regresar y comprar una casa en otro pueblo. Necesito sacarlos de aquí antes que las pandillas vengan y recluten a Carlos", dijo Roberto con lágrimas en sus ojos.

Carlos miró a su mamá y vio que también lloraba. Luego miró a Rosa, que no dejaba de llorar y de abrazar a sus papás. Carlos quería correr hacia su papá, abrazarlo muy fuerte y pedirle que no se fuera. Carlos sintió mucho miedo y a la misma vez, una tristeza que nunca antes había sentido. Pero sobre todos esos sentimientos, estaba enojado. "¿Cómo se va a ir y dejarnos solos?", pensó. "¿Qué pasa si las pandillas vienen antes que papá regrese? ¿Qué pasa si me obligan a unirme a ellos? ¡Será culpa de él!"

Sin embargo, Carlos sabía que tenía que ser fuerte y demostrarle a su papá que iba a poder cuidar a su mamá y a su hermana mientras su papá estuviera en los Estados Unidos. Así que, aguantando las ganas de llorar, abrazó a su papá y le dijo que lo amaba mucho. Roberto abrazó y besó a Carlos y a Rosa, luego abrazó a su esposa. Tomó su pequeño bolso y se fue.

Esa noche, acostado en su cama, Carlos pensó: "¿Qué nos va a pasar ahora? ¿Papá regresará de los Estados Unidos? ¿Quiénes son estas pandillas? ¿Por qué están amenazando a mi familia? El pastor

de nuestra iglesia dice que Dios nos ama. Si es verdad que nos ama, ¿por qué papá se tuvo que ir? ¿O tal vez, Dios no tiene el poder para detener las cosas malas?"

⚙ **PREGUNTAS PARA HACER**

1. ¿Por qué se tuvo que ir Roberto?
2. ¿En qué estaba pensando Carlos cuando se acostó a dormir?
3. ¿Alguna vez has pensado de la misma manera que Carlos? Si alguna vez lo pensaste, ¿qué estaba pasando en tu vida en ese momento?

E. La lección de la flor

La flor es una ayuda visual para enseñar a los niños a entender que Dios hizo el mundo hermoso y tranquilo, pero que el pecado causa daño y dolor. Elija una de las siguientes opciones para comenzar la lección:

1. Lleve a los niños a dar un paseo y haga que cada niño escoja una flor.
2. O, pida que cada niño haga una flor de papel.
   - Dé a cada niño 5 o 6 recuadros de papel de seda (de 20 a 25 centímetros) u otro papel que esté al alcance, como un pañuelo de papel.
   - Ponga los recuadros uno sobre el otro de manera que las esquinas estén alineadas.
   - Doble el papel en forma de acordeón.
   - Use un alambre (o un limpiador de tubería o una cuerda) para atar el manojo de papel en el centro. Después de hacer esto debe tener la forma de una "T".
   - Corte las puntas del papel a su gusto: redondas, como triángulos, pequeñas tirillas, entre otras formas.
   - Ahora separe cada papel a los dos lados del alambre y dóblelos hacia el centro para crear una hermosa flor.
   - (También se pueden utilizar otros materiales que sean fáciles de conseguir, como un pañuelo facial y una pinza de ropa para usar como el tallo de la flor).

Explique a los niños que sus vidas son como una hermosa flor que Dios hizo con amor y mucho cuidado. Mientras sostiene su flor, diga: ¿Se acuerdan de nuestra historia de Adán y Eva?

1. ¿Quiénes eran? *[Fueron las primeras personas en el mundo].*
2. Cuando ellos desobedecieron a Dios, ¿qué pasó con el mundo? *[El mal y la muerte entraron en el mundo].*

Hay varias razones por las que experimentamos sufrimiento en este mundo:

1. Todas las personas, cristianos y no cristianos, adultos y niños, se ven afectados por la desobediencia de Adán y Eva. Ahora el mundo tiene cosas malas a causa del pecado. Esto hace que Dios esté triste.
2. Satanás se apartó de Dios y lo desobedeció. Él quiere poner en contra de Dios a tantas personas como pueda. Él es un mentiroso y un asesino. La Biblia dice: *"El diablo siempre ha sido un asesino y un gran mentiroso. Todo lo que dice son sólo mentiras, y hace que las personas mientan"* (Juan 8:44b). Los que le escuchan hacen cosas que lastiman a otras personas.
3. Dios nos da la libertad de elegir el bien o el mal. Se entristece cuando elegimos hacer cosas malas, pero no nos detiene. Y a veces, a pesar de que obedecemos a Dios, sufrimos a causa de las malas decisiones de otras personas.

Pida a los niños que nombren las cosas malas que otras personas han hecho que los han lastimado a ellos o a otros. Escriba cada cosa mala en trozos de papel y póngalos en una caja o en un sobre. (Algunos ejemplos son: mentir, robar, golpear a otros). Luego haga que los niños se turnen para tomar un papel y leer lo que está escrito en él. Mientras leen en voz alta, quite un pétalo de su flor hasta que todo lo que quede sea un tallo feo y dañado. (Retire los pétalos de su flor solamente. Los niños deben mantener sus flores intactas como un recordatorio de que lo que Dios hace es hermoso).

F. Heridas del corazón

(Para su referencia, mire el cuadro que compara las heridas físicas con las heridas del corazón en la página 104.) Que los niños miren la cubierta del libro. Pregúnteles:

- ¿Qué dice en la cubierta del libro? *[Club sanar corazones].* ¿Quiénes son estos niños? *[Rosa y Carlos]*

Ahora diga a los niños: "De la misma manera en que compartimos la historia de Carlos y Rosa, es bueno para nosotros compartir nuestras historias con los otros. Estoy muy feliz de que cada uno de ustedes esté aquí". Pregunte a los niños:

- ¿Alguna vez has tenido una llaga o herida? ¿Cuándo? ¿Cómo te sentías?

A veces estamos heridos en el interior, en nuestros corazones. Cuando experimentamos cosas malas, nuestros corazones pueden ser heridos.

- ¿Cuando tenías la herida, otras personas la podían ver? *[Sí]*. ¿Otras personas pueden notar cuando estás herido por dentro? *[No exactamente, pero pueden ver que cambia tu forma de ser y actuar]*.
- Cuando has tenido una herida mala ¿alguien la limpió? ¿Cómo te sentiste? ¿Por qué era necesario? ¿Qué hubiera pasado si no la limpiaban?

También necesitas cuidar las heridas del corazón. Tienes que sacar los malos sentimientos para que puedas empezar a sanar. Una forma de hacerlo es contarle a alguien acerca de lo que pasó y cómo nos sentimos. Dios es el que nos cura, pero con frecuencia usa a la gente, a los amigos o tías que han pasado por procesos similares. Si no tratamos una herida del corazón, atraerá cosas malas, como el pecado, los malos amigos, el emborracharse o drogarse, y así sucesivamente.

- ¿Quién tiene una cicatriz? ¿Puedes mostrarla? ¿Te acuerdas lo que pasó que hizo la cicatriz? ¿Todavía te duele?

Siempre nos acordamos de lo que nos ha pasado, pero cuando nuestras heridas del corazón se han curado podemos recordar sin sentir el dolor.

- ¿Cuánto tiempo se necesitó para que tu herida sanara? ¿Fue sanada al día siguiente?

Las heridas del corazón también toman tiempo para sanar. ¡Ten paciencia! Sigue contando tu historia a alguien de confianza, y dile a Dios cómo te sientes hasta que todos los malos sentimientos salgan y tu corazón tenga tiempo para sanar.

Algunas personas dicen que no debemos pensar o hablar de nuestros sentimientos. También dicen que no debemos ir a otros con nuestros problemas y buscar ayuda. Dicen que debemos olvidarnos de eso y seguir adelante. Esta gente piensa que los cristianos nunca deben decir que están tristes, pero la Biblia nos enseña de manera diferente. Incluso Jesús tenía sentimientos fuertes y los compartió con sus discípulos. Justo antes de ser crucificado, les dijo, *"Estoy muy triste. Siento que me voy a morir"* (Mateo 26:38). Es normal sentirse asustado o triste cuando nos suceden cosas malas.

G. Relatando tus sentimientos

Use la tabla de los rostros (página 101). Pregunte a los niños:

1. ¿Cómo crees que se siente Dios acerca de lo que le pasó a su creación? ¿Cómo te sientes tú?
2. ¿Qué piensas acerca de lo que ha ocurrido con el buen mundo que hizo Dios?
3. Mira las caras en la hoja de sentimientos. Identifica los sentimientos que ves en las caras (feliz, triste, enojado, asustado, avergonzado, confundido). Cuando piensas en el mundo de hoy, ¿cómo te sientes?

Proyecto para llevar a casa

Haga que los niños se lleven a casa la flor que recogieron o hicieron, y que les digan a sus familiares cómo Dios hizo al mundo perfecto, pero que se ha echado a perder por causa del pecado.

3. DECIR CÓMO NOS SENTIMOS

Materiales necesarios:
- Un pedazo de papel grande para cada grupo.
- Una hoja de papel para que cada niño escriba un lamento.
- 6 botellas de agua vacías y un recipiente con agua.

Al final de esta lección, los niños deben ser capaces de:
- Identificar sus sentimientos.
- Identificar las formas en que sus sentimientos afectan sus cuerpos.
- Decirle a Dios cómo se sienten.
- Saber que las cosas malas pueden suceder incluso si tratamos de hacer lo correcto.

A. ¡No es justo!

Libro Club sanar corazones, página 17

Al irse Roberto, la vida de Carlos y Rosa se puso muy difícil. Casi no había dinero para la comida y muy pronto Carlos tuvo que dejar de ir a la escuela para trabajar todo el día, en vez de solo por las tardes. Carlos odiaba dejar la escuela, porque sabía que la única manera de poder obtener un buen trabajo era estudiar y sacar buenas calificaciones, pero ahora, no tenía otra opción.

Rosa tenía pesadillas por las noches, y se despertaba llorando y llamando a su mamá. Muchas veces pensaba en su amigo, Javier. Hacía dos años, cuando Javier y Rosa tenían siete años, la mamá de Javier lo envío con un coyote a los Estados Unidos para vivir con su abuela en Los Ángeles. Pero tres meses más tarde, las autoridades le entregaron a su madre el cadáver de Javier, que había muerto en un accidente antes de cruzar la frontera. Rosa todavía recordaba el cuerpo sin vida de Javier durante el funeral que celebraron en la iglesia.

Muchas veces, Rosa oraba con lágrimas en sus ojos, "¡Oh Dios! ¡Por favor, cuida a mi papá!"

Carlos, por su parte, trataba de ser el hombre de la casa, pero muchas veces se sentía triste porque su papá ya no estaba allí para hablar con él y ayudarlo. Aunque Carlos trabajaba todo el día, y su mamá, Ana, trabajaba tiempo parcial, aún no tenían suficiente dinero para pagar el alquiler y comprar comida. Así que, muchas veces, se acostaban a dormir con hambre. No habían recibido ninguna noticia de su padre, pero todavía esperaban escuchar de él pronto.

A Carlos se le hacía difícil dormir por las noches. Se le llenaba la cabeza de preguntas y su corazón se llenaba de diferentes sentimientos. Estaba preocupado por su papá y se preguntaba si habría logrado llegar a los Estados Unidos. Sabía que su mamá estaba cansada de trabajar tan fuerte y se preocupaba porque no tenían suficiente dinero para comprar lo que necesitaban. Extrañaba a sus amigos de la escuela. Estaba muy enfadado porque tenía que trabajar todo el día y lo que ganaba era una miseria. Sabía que no podía proteger a su mamá y a su hermana si llegaban las pandillas. También se preguntaba cuán cerca, verdaderamente, estaba ese peligro. Se sentía con miedo, solo y sin esperanza. Y por encima de todo eso, tenía hambre. No había comido una buena comida por muchas semanas.

"¡No es justo!", se dijo Carlos a sí mismo. Una lágrima se deslizó por su rostro y enterró su cara en la almohada.

⚙ **PREGUNTAS PARA HACER**

1. ¿Por qué la vida de Carlos y Rosa se tornó tan difícil?
2. ¿Por qué Carlos dijo: "¡No es justo!"?
3. ¿Alguna vez le has dicho a Dios que algo en tu vida no es justo? ¿Qué pasó?

Dios no quiere que te hagas daño, ni que les hagas daño a otras personas. Él sabe lo mucho que duele dentro, y porque te ama tanto quiere sanar tus heridas, incluso las que no se pueden ver. Vamos a aprender cómo Dios puede sanar nuestras heridas más profundas, las heridas de nuestros corazones. En primer lugar, tenemos que saber cómo nos sentimos.

B. El juego de la estatua

Este juego ayuda a los niños a identificar sus emociones.

- Tengan un poco de música: un ritmo de tambor, una canción o lo que sea que esté disponible. Utilice los sentimientos dibujados en la página de las caras (feliz, triste, enojado, asustado, avergonzado, confundido) y añada otros sentimientos, si fuera necesario.
- Haga que los niños bailen al son de la música. Entonces, el líder detiene la música y dice en voz alta un sentimiento.
- Los niños representan el sentimiento con todo su cuerpo y la cara, y se mantienen en la posición seleccionada.
- Señale a alguien que está expresando el sentimiento realmente bien, y haga que los niños lo miren.

Continúe con otros sentimientos.

C. Los sensaciones de nuestro cuerpo

A veces, ciertos lugares en nuestros cuerpos nos dicen cómo nos sentimos.

- Dibuje una persona grande en el suelo o en una hoja de papel grande, ya sea una para el pequeño grupo, o una para cada niño. Utilice el modelo de la página 102 como guía, o descárguelo del sitio web para facilitador del Instituto *Trauma Healing*.
- Pregunte: "Cuando estás enojado, ¿dónde lo sientes en tu cuerpo?" Luego pregunte sobre otros sentimientos como el miedo. Pida a los niños que marquen la parte del cuerpo donde sienten las emociones, por ejemplo, un nudo en el estómago para el temor; dolor de cabeza para la ira, soltura de piernas para el miedo, ojos inmóviles para la pérdida. Puede que tenga que dar ejemplos personales.

D. Mantener nuestros sentimientos dentro

Haga que los niños escriban malos sentimientos en pequeños trozos de papel, y los metan en las botellas de agua vacías. Póngales las tapas bien apretadas. Después, ponga las botellas en el recipiente con agua y haga que cada niño trate de mantenerla bajo el agua. Explique que cuando tratamos de mantener nuestros malos sentimientos dentro, se necesita mucho trabajo y atención, y acaban por salir de forma inesperada, como estar enojado con los demás, o tener el deseo de pelear. Tenemos que sacar nuestros malos sentimientos en buenas formas en lugar de tratar de mantenerlos dentro.

(Idea alternativa: Utilice globos con sentimientos negativos escritos en ellos con un marcador. Después de la actividad del agua, explote cada globo mientras habla de sanar malos sentimientos como la ira, el miedo o la vergüenza).

E. Cartas de lamentos

Libro Club sanar corazones, página 19

Explique a los niños que un lamento en la Biblia es una canción triste o una carta en la que la gente comparte el dolor de su corazón con Dios. Por ejemplo, en el Salmo 13 el rey David expresó:

Mi Señor y Dios, ¿vas a tenerme siempre olvidado?
¿Vas a negarte a mirarme? ¿Debe seguir mi corazón
siempre angustiado, siempre sufriendo?
¿Hasta cuándo el enemigo me va a seguir dominando?
Mírame y respóndeme; ¡ayúdame a entender lo que pasa!
De lo contrario, perderé la vida; mi enemigo cantará victoria
y se alegrará de mi fracaso.
Pero yo, Dios mío, confío en tu gran amor
y me lleno de alegría porque me salvaste.
¡Voy a cantarte himnos porque has sido bueno conmigo!

Ahora, invite a los niños a que escriban una carta de lamento a Dios acerca de las veces que han pasado por situaciones que los hacían sentirse mal. Dígales que le pidan a Dios que los ayude, al igual que David le pidió ayuda en los Salmos. Inicie con:

Querido Dios,
No es justo que . . .

Los niños pueden hacer esto de forma individual o con alguien más. Después, haga que los niños compartan sus cartas con el grupo si quieren hacerlo. No los obligue.

Proyecto para llevar a casa

Anime a los niños a compartir sus cartas de lamento con sus familias, o aquellos con los que viven, si fuera apropiado. Algunos niños han escrito cartas de lamento que expresan la ira o el dolor hacia miembros de la familia, y eso debe ser manejado con cuidado.

También podrían enseñar a jugar a sus hermanos o amigos el juego de la estatua.

TOME UN RECESO

F. José y sus hermanos celosos

✪ REPASO

1. ¿Qué mal hicieron Adán y Eva?
2. ¿Cuál fue el resultado?

Génesis 37

Libro Club sanar corazones, página 20

Al final de nuestra historia anterior, Dios mandó a Adán y Eva que salieran del hermoso jardín. Ellos tuvieron hijos, y sus hijos tuvieron hijos hasta que hubo personas que vivían en todo el mundo. La historia que vas a escuchar hoy sucedió muchos años después.

La historia bíblica de José comienza cuando él tenía cerca de diecisiete años. José estaba cuidando los animales de su padre con sus hermanos. Cuando regresó a casa, le dijo a su padre las cosas malas que sus hermanos habían hecho. Jacob, el padre, amaba a José más que a sus otros hijos y le hizo una capa muy hermosa y colorida. Cuando los hermanos se dieron cuenta de que Jacob amaba a José más que a ellos, odiaron a José y le decían cosas malas.

José tuvo dos sueños especiales. En el primer sueño, José y sus hermanos estaban atando manojos de espigas de trigo, y de repente

---

los manojos de sus hermanos se reunieron alrededor del de José, y se inclinaron ante él. En el segundo sueño de José, el sol, la luna y once estrellas se inclinaban ante él. Porque los sueños mostraban que José gobernaría a su familia un día, los hermanos de José estaban celosos de él y lo odiaron aún más.

Algún tiempo después, Jacob envió a José a buscar a sus hermanos. Cuando sus hermanos lo vieron de lejos hicieron planes para matarlo. "Aquí viene el soñador", se dijeron el uno al otro. "¡Vamos! Matémoslo, echemos su cuerpo en uno de los pozos secos, y digamos que un animal salvaje lo mató. ¡Entonces, vamos a ver qué pasa con sus sueños!"

Con el fin de salvar la vida de José, Rubén, su hermano mayor, sugirió que echaran a José en el pozo, pero que no lo mataran. Él planeaba rescatar después a José en secreto. Sabía que si algo le sucedía, él sería responsable. Pero mientras Rubén estaba fuera, algunos comerciantes viajeros pasaron por Judá y los otros hermanos decidieron vender a José.

Después de que los comerciantes se habían llevado a José lejos, sus hermanos tomaron su capa y la mojaron con sangre de cabra. Se la llevaron a su padre, y le dijeron que un animal salvaje lo había matado y se lo había comido. Jacob estaba muy, muy triste. Se rasgó las vestiduras e hizo duelo por José, diciendo que iba a llorar por su hijo hasta el día que muriera.

Así que, los propios hermanos de José lo vendieron por veinte piezas de plata a unos comerciantes. Estos se lo llevaron a Egipto y lo vendieron como esclavo a Potifar, un hombre importante. Entonces José, atemorizado y triste, empezó a vivir lejos de su hogar y familia.

✷ PREGUNTAS PARA HACER

1. ¿Por qué se enojaron los hermanos de José cuando él les contó sus sueños?
2. ¿Cómo le mostró el padre de José que lo amaba?

3. Decir cómo nos sentimos

3. ¿Cómo trató Rubén de salvar a José?
4. ¿Qué le pasó a José al final?
5. ¿Qué pensaba el padre de José que le había pasado?
6. ¿Alguna vez has estado alrededor de hermanos o hermanas celosos? Explica.

G. Actividad

Libro Club sanar corazones, página 22

Pida que los niños identifiquen los sentimientos que ellos piensan que José debió haber sentido. Que tracen una línea desde la frase hasta la cara de sentimientos que ellos piensan que corresponde. Los facilitadores deben tener en cuenta que no hay respuestas correctas o incorrectas, y no deben corregir al niño. En su lugar, use este ejercicio para crear una conversación con el niño sobre por qué José se sentiría así. También hablen de emociones complejas —que podemos experimentar varios sentimientos al mismo tiempo.

1. El padre de José le hizo una capa hermosa.
2. Los hermanos de José lo odiaban y le decían cosas malas.
3. José tuvo dos sueños muy especiales.
4. Los hermanos de José lo tiraron a un pozo seco.
5. Los hermanos de José lo vendieron a unos comerciantes.
6. José tuvo que vivir muy lejos de su familia.

H. Versículo para memorizar

Libro Club sanar corazones, página 23

Salmo 62:8 (RVC): *Pueblos todos, ¡confíen siempre en Dios! ¡Vacíen delante de él su corazón! ¡Dios es nuestro refugio!*

4. SINTIÉNDOSE SOLO

Materiales necesarios:
- Opcional: Pegamento, tijeras, cartulinas de colores.

Al final de esta lección, los niños deben:
- Reconocer que es bueno recordar a su familia y su comunidad de origen.
- Ser capaces de expresar su dolor a través del dibujo.
- Entender que la conexión con los demás ayuda a superar el miedo y la soledad.
- Entender que Dios no nos abandona nunca, incluso si todo el mundo lo hace.

A. Sintiéndose solo

Libro del Club Sanar Corazones, página 25

Una tarde, cuando Carlos llegó a casa del trabajo, Ana lo sentó a la mesa con Rosa. "Tengo que tomar una decisión muy difícil", dijo su mamá en voz baja. Ana les dijo que iba a hacer un viaje a la capital para intentar conseguir un trabajo y ahorrar dinero. De esa manera, cuando ella regresara, Carlos no tendría que trabajar y podría regresar a la escuela.

Carlos sintió como si le hubieran tirado un balde de agua congelada en su cabeza. ¡No lo podía creer! Primero su papá se fue, y ahora su mamá. "¿Con quién nos vamos a quedar?", preguntó Rosa.

"Su abuela viene a quedarse con ustedes hasta que yo regrese", contestó Ana.

"¡Por favor, no te vayas!", rogó Carlos en voz baja. "¡No te quiero perder a ti también!"

Los ojos de Ana se llenaron de lágrimas al abrazar a Carlos y dijo: "¡Yo tampoco los quiero perder! Les voy a escribir cartas a menudo para que sepan que estoy bien".

A la mañana siguiente, la abuela Elisa llegó a su casa. Con su cora-zón muy triste, Ana preparó su bolso y habló con la abuela para ayudarla a entender lo que Rosa y Carlos necesita-ban. Compartieron una cena especial esa noche, y luego, Ana se fue.

Esa noche, Rosa no podía dormirse. Nunca se había sentido tan sola. Ella amaba a su abuela, pero no era lo mismo sin tener a su mamá. Temía que no iba a ver a su mamá otra vez. Se sentía como si su corazón se estuviera rompiendo, y lloró calladamente en su almohada, para que Carlos y la abuela Elisa no la oyeran.

Los siguientes meses fueron muy difíciles. Rosa y Carlos iban al correo todos los días esperando recibir una carta de su mamá. Cuando la recibían, Ana no daba muchos detalles de su jornada ni mencionaba si había conseguido empleo. Pero les aseguraba que estaba bien y que los extrañaba mucho. Mientras tanto, Carlos seguía trabajando en su puesto de lustrar zapatos en la zapatería para ganar algo de dinero y ayudar a su abuela.

⚙ **PREGUNTAS PARA HACER**

1. ¿Por qué Rosa se sentía tan sola y asustada?
2. ¿Alguna vez te has sentido solo o sola y asustado o asustada? ¿Por qué te sentiste así?

Dé a cada niño la oportunidad de responder. Esto puede tomar algún tiempo. Ayude a los niños a entender que sus sentimientos de soledad y miedo son normales.

B. Recuerdos importantes

Explique que la gente necesita recordar a sus familiares y comunidades, aunque algunas personas hayan muerto o ya no estén viviendo con ellos.

- Pídales que le digan la primera cosa buena que recuerdan en su vida. Hablen acerca de eso como grupo.
- Pídales que dibujen este recuerdo en su libro del *Club sanar corazones*, a partir de la página 26.
- Hablen acerca de las personas importantes en sus vidas, tanto las que están vivas como las que han muerto.
- Pídales que dibujen a esas personas en su libro. Estos podrían ser símbolos en vez de dibujos realistas —por ejemplo, una pizarra para un padre que era un maestro, o una olla de cocinar para una madre. Si usted tiene cartulina y pegamento, pueden dibujar símbolos, recortarlos y pegarlos en sus libros. Si usted tiene revistas o periódicos viejos, podrían recortar fotos que representan a sus seres queridos y pegarlas en sus libros. Si tienen fotos en casa, puede añadirlas más tarde.

✪ PREGUNTAS PARA HACER

1. ¿Cómo cambia la vida cuando no tienes adultos que cuiden de ti? (Deles algunos escenarios en que pensar, como un padre moribundo, separado de la familia, etc.)
2. ¿Qué trabajos adicionales tienes que hacer por ti mismo cuando no tienes adultos para cuidarte? ¿Cómo te hace sentir?

C. Estar conectado

Haga que los niños se levanten y formen un círculo separados por un poco más de un brazo de distancia el uno del otro. Pídales que cierren los ojos y traten de tomar las manos de la persona a su derecha y a su izquierda sin moverse o hablar en lo absoluto. No deberían poder tocarse. Luego pídales que abran los ojos y den dos pasos hacia el centro del círculo. Pídales que se tomen de la mano con las personas a su derecha e izquierda y hablen con ellos.

Si hay niños que tienen miedo de cerrar los ojos, pídales que miren hacia al piso o suelo, o modifique esta actividad de forma que todos los niños hagan el círculo mirando hacia afuera.

⚙ **PREGUNTAS PARA HACER**

1. ¿Cómo te sentiste en la oscuridad, cuando no podías ver ni tocar a alguien? ¿Tenías miedo? ¿Te sentiste solo?
2. ¿Cómo te sentiste en la luz, cuando podías ver y tocar a los demás?

Cuando te sientas solo o asustado, busca a alguien. Quizás puedas sentirte mejor.

D. Dibujar una experiencia dolorosa

Pida a los niños que hagan un dibujo en las páginas de recuerdos en su libro *Club sanar corazones* de algo malo que les ha sucedido. Cuando terminen de dibujar, invite a los niños a compartir lo que representa su dibujo. Use las tres «preguntas de escuchar»: ¿Qué pasó? ¿Cómo te hizo sentir eso? ¿Cuál fue la parte más difícil para ti? No obligue a los niños a compartir su historia en el grupo. Algunos niños pueden estar más cómodos en una conversación individual con un facilitador, o no compartir nada.

TOME UN RECESO

E. José en Egipto

⚙ **REPASO**

¿Qué le pasó a José al final de nuestra historia anterior? *[Él había sido llevado como esclavo a Egipto].*

Génesis 39

Libro Club sanar corazones, página 30

En la lección anterior aprendimos que José había sido vendido como esclavo por sus hermanos y llevado por la fuerza a Egipto. Pero a pesar de que su familia abandonó a José y toda su vida había cambiado de la noche a la mañana, él tuvo éxito porque el Señor estaba con él. Potifar, el líder egipcio, puso a José a cargo de todo lo que poseía.

José era bien parecido y atractivo. La mujer de Potifar le pidió que se acostara con ella. José se negó a hacerlo. Dijo que esto no sería correcto porque Potifar le había dado la responsabilidad de todo y confiaba en él. José también dijo que no podía pecar contra Dios. Día tras día, José se negó a la esposa de Potifar.

Pero un día, cuando no había nadie más en la casa, ella lo agarró por la túnica y le exigió: "¡Ven a la cama conmigo!" José dejó su manto en sus manos y salió corriendo de la casa. La esposa de Potifar entonces acusó a José de tratar de violarla, diciendo que cuando ella gritó él salió corriendo, dejando su manto a su lado. Cuando Potifar escuchó la historia de su esposa, se enojó con José y lo puso en la cárcel.

José fue rechazado por su propia familia y enviado lejos. Y ahora, una vez más, la gente a la que él quería le mintió, lo rechazaron y lo pusieron en la cárcel. Pero Dios todavía estaba con José y le mostró su bondad. Como el director de la prisión vio que José era una buena persona, lo puso a cargo de todos los prisioneros y lo hizo responsable de todo lo que pasaba en la cárcel. El guardia confiaba en José para que hiciera su trabajo porque el Señor estaba con José y le daba éxito en todo lo que hacía.

✦ PREGUNTAS PARA HACER

1. ¿Qué trabajo le dio Potifar a José?
2. ¿Por qué estaba Potifar tan enojado con José que lo puso en la cárcel?
3. ¿Por qué los encargados de la prisión pusieron a José a cargo de los otros prisioneros?
4. ¿Alguna vez has sido acusado de algo que no hiciste? Cuéntanos.
5. ¿Alguna vez sentiste que Dios te estaba ayudando en medio de una mala situación? ¿Qué pasó?

F. Actividad

Pida a los niños que dramaticen esta parte de la historia de José.

G. Versículo para memorizar

Libro Club sanar corazones, página 31

Hebreos 13:5b (RVC): *Dios ha dicho: "No te desampararé, ni te abandonaré".*

Proyecto para llevar a casa

Haga que los niños lleven su dibujo de "Recuerdos importantes" a casa y lo compartan con sus padres o tutores.

5. CONSTRUIR BIEN NUESTRA VIDA

Materiales necesarios:
- Encuentre algo que se pueda utilizar como ladrillos para construir un muro: bloques de construcción o ladrillos, cajas de jugo o leche, cajas de fósforos, cubos hechos de papel. Si usted no puede hacer un ladrillo de tres dimensiones, dibuje ladrillos en la pared o en el suelo, o use fragmentos de papel. Haga por lo menos doce ladrillos para cada grupo pequeño. En seis de los ladrillos debe haber partes cortadas para darles un aspecto irregular.
- Una venda para cubrir los ojos para cada niño.

Al final de esta lección, los niños deben:
- Entender que los niños deben ser protegidos, pero que esto no siempre sucede.
- Confiar en que Dios tiene un plan para sus vidas.
- Decidir tomar buenas decisiones sobre sus vidas.
- Saber que deben tener cuidado en quién confían.

A. ¡Buenas noticias!

Libro Club sanar corazones, página 33

Después de un tiempo, Rosa y Carlos se acostumbraron a vivir con su abuela. Ella tenía un poco de dinero, así que por lo menos tenían suficiente para comer. Todavía se preocupaban por su papá, porque no habían recibido ninguna noticia de él. Rosa extrañaba a su mamá, pero encontró que su abuela era un persona muy amable que la cuidaba muy bien. Rosa y Carlos tenían muchos primos que venían a menudo y juntos jugaban y compartían.

Sin embargo, en el trabajo, el caso era distinto para Carlos. En la zapatería, había un joven llamado Marcos que se aprovechaba de Carlos. Lo hacía trabajar más que a los demás. A veces Marcos le robaba la merienda que Carlos llevaba de la casa, dejándolo con hambre por el resto del día. Y en más de una ocasión, Marcos le pegaba tan fuerte que le dejaba marcas en sus brazos. Pero Carlos sabía que este trabajo era su única oportunidad de ganar dinero. Tenía que continuar trabajando ahí. Lo único que podía hacer era tratar de evitar encontrarse con Marcos. Cada día que pasaba, Carlos se enfadaba más y más con Marcos. "¿Por qué me trata tan mal?", se preguntaba.

Un día, la abuela Elisa tenía muy buenas noticias para los niños. "¡Su mamá envió una carta diciendo que viene por unos días la próxima semana! Tiene que regresar a la capital, pero su jefe le dio unos días libres para venir a verlos!" Rosa dio un brinco de felicidad y Carlos tenía una sonrisa inmensa en su cara. "¡No puedo esperar para verla!", dijo.

⊛ PREGUNTAS PARA HACER

1. ¿Qué estaba sucediendo con Carlos en la zapatería?
2. ¿Cómo se sintieron Rosa y Carlos al escuchar la noticia que les compartió la abuela Elisa?
3. ¿Quién te ayuda a sentirte seguro o segura? ¿Tus padres, familia, amigos?

B. Construir la pared

Utilice los "ladrillos" que preparó.

1. Pida a los niños que hablen acerca de todas las cosas que los niños necesitan y las escriban en los ladrillos. (O envuelva los ladrillos en papel para que puedan escribir en ellos). Por ejemplo: alimento, vivienda, ropa, amor, protección, ánimo, disciplina, padres, cuidado de adultos, amigos, educación, oración. Escriba esto en los seis ladrillos "buenos".
2. Construyan juntos un muro con estos ladrillos de manera que se pueda ver lo que está escrito en ellos.

3. Quite algunos ladrillos de la parte inferior. Pregunte a los niños:
   - ¿Qué sucede si se quitan los ladrillos? *[Hablen de cómo el muro puede caerse o desmoronarse].*
   - ¿Es así como tu vida se siente en ocasiones — como una pared caída que te deja temeroso y expuesto a peligros? En la Biblia, el rey David se sintió así una vez. *"¡Hasta parezco una pared inclinada, una cerca a punto de caerse!"* (Salmo 62:3b).
4. Ahora, presente los ladrillos irregulares e invite a los niños a que hablen de las maneras negativas en que las personas tratan de construir un muro de protección para sus vidas: por ejemplo, unirse a una pandilla, usar drogas o alcohol, buscar amor de maneras equivocadas. Escriba estas cosas en los seis ladrillos irregulares.
5. Trate de hacer una pared de ladrillos irregulares y de mostrar que no funciona.
6. Hable con los niños sobre los problemas que tienen los niños cuando tratan de construir un muro con ladrillos irregulares o rotos. Hágales recordar que muchos de los ladrillos rotos representan opciones que la gente hace para sí misma.
7. Invítelos a abrir su libro *Club sanar corazones* en la página 34, y pensar cómo quieren construir sus vidas. Pídales que escriban en los ladrillos buenos las cosas que les ayudan. También deben escribir en los ladrillos irregulares las cosas que no quieren tener en sus vidas.

C. Caminata de confianza

Introduzca esta actividad con una breve explicación de lo que se va a hacer, y pregunte a los niños si hay alguien que no quiere tener los ojos vendados. Si así fuere, estos niños observarán mientras los otros niños participan en la actividad. Cuando ellos vean que no es peligroso, quizás deseen unirse a la fila la próxima vez. Coloque la venda en los ojos de los niños que desean participar y haga que se paren uno detrás del otro con sus manos en los hombros del niño parado en frente. Un facilitador conducirá la fila y dirá en voz alta a dónde van (izquierda, derecha, arriba, abajo y así sucesivamente). El otro facilitador caminará al lado de la fila para cuidar que nadie salga herido. Dirija la fila alrededor y sobre algunos pequeños obstáculos sin poner a los niños en peligro de lastimarse. Después de un tiempo, pare y haga que los niños se quiten las vendas.

✪ PREGUNTAS PARA HACER

1. ¿Cómo te sentiste al caminar con los ojos vendados?
2. ¿En qué tipo de personas podemos confiar?
3. ¿En qué clase de personas no deberíamos confiar?
4. ¿Cuándo te has sentido seguro?
5. ¿Cuándo te has sentido inseguro?
6. ¿Alguna vez has sentido que Dios estaba contigo a pesar de que no lo podías ver?

Canten una canción juntos acerca de Dios y de Jesús que está con nosotros.

Proyecto para llevar a casa

Invite a cada niño a llevar consigo a casa un ladrillo "bueno" y un ladrillo "malo" o "irregular", si es posible. Asegúrese de que sean capaces de explicar lo que significan. Anímelos a que compartan el significado con su familia y amigos.

TOME UN RECESO

D. José: olvidado una vez más

✪ REPASO

1. ¿Dónde estaba José al final de nuestra lección anterior?
2. ¿Por qué estaba allí?
3. ¿Qué crees que estaba sintiendo?

Génesis 40

Libro Club sanar corazones, página 35

En la lección anterior, José fue puesto en prisión a pesar de que él no había hecho nada malo. ¡Cada vez que las cosas empezaban a mejorar para José, parece que algo malo pasaba!

Algún tiempo después de que José fue puesto en la cárcel, el copero (que servía bebidas para el rey) y el panadero hicieron algo que ofendió al rey. Ellos fueron arrojados a la prisión donde estaba José. A José se le pidió que cuidara de ellos. Después de un tiempo, los dos hombres tuvieron un sueño en la misma noche.

Cuando José los vio, la mañana siguiente, los dos hombres estaban muy tristes y deprimidos. José les preguntó: "¿Por qué están tan preocupados hoy?" Le dijeron a José que cada uno había tenido un sueño, pero nadie podía decirles lo que significaban sus sueños. José les dijo: "Dios es el que da a las personas la capacidad de interpretar sueños. Cuéntenme sus sueños".

El copero le dijo a José que en su sueño veía una enredadera que tenía tres racimos de fruta. El copero exprimía la fruta en la copa del rey y ponía la copa en su mano. José le dijo al copero que en tres días, al igual que los tres racimos, el rey le daría su puesto de nuevo. Y José le dijo: "Pero, por favor, acuérdate de mí cuando todo vaya bien para ti. Por favor, ten la amabilidad de mencionarme ante el rey y ayúdame a salir de esta prisión. Después de todo, fui secuestrado de la tierra de los judíos, y mientras he vivido aquí en Egipto no he hecho nada para merecer ser puesto en la cárcel".

Cuando el panadero vio que José dio una buena explicación al copero, le pidió a José que le explicara su sueño, también. El panadero le dijo a José que en su sueño llevaba tres cestas de pan en la cabeza, pero algunas aves estaban comiendo el pan de la cesta superior. José le dijo al panadero que las tres cestas eran tres días, y que en tres días el rey lo sacaría para darle muerte.

Tres días más tarde, fue el cumpleaños del rey y dio una fiesta para todos sus funcionarios. Él trajo al copero y al panadero ante los funcionarios. Entonces el rey dio al copero de vuelta su anterior puesto de trabajo, pero el panadero fue condenado a muerte, tal como José lo había dicho. A pesar de que José había ayudado al copero, este nunca se acordó de él. Se olvidó y no dijo nada al rey acerca de José.

✦ PREGUNTAS PARA HACER

1. ¿Cuál fue el sueño del copero? ¿Qué dijo José que significaba?
2. ¿Cuál fue el sueño del panadero? ¿Qué dijo José que significaba?
3. El día del cumpleaños del rey, ¿qué les pasó a los dos hombres?
4. ¿Quién se olvidó de decirle al rey acerca de José?
5. ¿Alguna vez alguien no ha cumplido una promesa que te hizo? ¿Cómo te sentiste?

E. Actividad

Libro Club sanar corazones, página 37

Pida a los niños que hagan un dibujo del sueño del copero o del panadero.

F. Versículo para memorizar

Libro Club sanar corazones, página 37

Jeremías 29:11 (TLA): Dios dice: *"Mis planes para ustedes solamente yo los sé, y no son para su mal, sino para su bien. Voy a darles un futuro lleno de bienestar"*.

6. LA PÉRDIDA Y EL DUELO

Materiales necesarios:
- Juego *Serpientes y escaleras* (vea la página 102).
- Rótulos que digan «Aldea de negación e ira» (con una cara de enojo en el rótulo), «Aldea no se ve esperanza» (con una cara triste), y «Aldea de nuevos comienzos» (con una cara feliz).
- Pegamento, tijeras, cartulina (opcional).

Al final de esta lección, los niños deben:
- Comprender que el proceso de duelo (aflicción) toma tiempo.
- Aceptar su tristeza (y, posiblemente, ira) si han perdido a alguien que era importante para ellos.
- Aceptar que a algunas personas puede tomarles más tiempo para recuperarse de una pérdida y a otras un tiempo más corto.
- Querer mantener su confianza en Dios, aun cuando las cosas se poner difíciles.

A. Noticias terribles

Libro Club sanar corazones, página 39

La siguiente semana, Ana regresó a salvo de la capital. Rosa y Carlos estaban muy contentos de verla otra vez. Tenían tantas cosas que contarle, y a ellos les encantó escuchar las historias que su mamá les contó de su trabajo en la ciudad.

Unos días después, mientras estaban disfrutando la cena juntos, alguien tocó a la puerta. Ana abrió la puerta, y se encontró con un oficial. Carlos y Rosa se acercaron para escuchar lo que estaban diciendo. El oficial le informó a Ana que encontraron el cuerpo de Roberto al lado de las vías del tren antes de cruzar la frontera a los Estados Unidos.

Ana comenzó a llorar muy fuerte. No podía parar de llorar. Rosa corrió a abrazarla y juntas lloraron por un buen rato. Carlos no se podía mover. "Esto no puede ser cierto", pensó. "¡Esto debe ser un error!", le dijo a su mamá, "¡Papá no puede estar muerto! Él viene en uno o dos años para mudarnos a otro pueblo!"

Cuando el oficial escuchó a Carlos, repitió una vez más dónde encontraron el cuerpo. "Encontramos su tarjeta de identificación en su bolsillo", añadió el oficial. Carlos se sintió congelado. Su corazón estaba latiendo muy rápido y no podía sentir su cuerpo. "No puede ser", pensó. "¡Papá va a regresar!" Ana se acercó y abrazó a Carlos muy fuerte.

Los siguientes días, la casa estaba llena de tías, tíos, vecinos y primos que vinieron a ayudar a Ana con los arreglos del funeral de Roberto. Con su familia alrededor de ellos, Carlos comenzó a poder aceptar que su papá no iba a regresar. Rosa lloraba todas las noches en su cama hasta quedarse dormida. Carlos estaba enojado al igual que triste. "¿Por qué papá se fue a los Estados Unidos?", pensaba, "si se hubiera quedado aquí con nosotros, estaría vivo ahora". Su enojo lo estaba consumiendo por dentro.

⚙ **PREGUNTAS PARA HACER**

1. Cuando la gente muere, experimentamos toda clase de pensamientos y sentimientos. ¿Qué crees que estaba sintiendo y pensando Rosa?
2. ¿Qué estaba sintiendo Carlos? ¿Cómo sabes lo que estaba sintiendo?
3. ¿Acaso se ha muerto alguien que amas? ¿Qué pensaste cuando murió? ¿Cómo te sentiste al perder a esa persona?
4. ¿Es bueno llorar cuando estás triste?

Si es apropiado, comparta Salmo 56:8b con los niños: *«Tú recoges cada una de mis lágrimas. ¿Acaso no las tienes anotadas en tu libro?»*. Haga recordar a los niños que las lágrimas son un regalo de Dios que nos ayudan a quitar la pena.

B. El camino del duelo

Divida su grupo en tres grupos. Dé a cada grupo el cartel de una de las "aldeas del duelo" y hágales saber que no se trata de pueblos reales, sino de las etapas que describen lo que las personas piensan y cómo se siente la gente después de haber perdido a alguien o algo importante. Describa cómo se siente la gente en cada aldea, y luego haga que los niños dramaticen la aldea en que se encuentran.

- **Aldea 1: Negación e ira**. Cuando algo malo sucede, como cuando alguien a quien amamos muere, no sentimos nada por un tiempo. O podemos sentirnos muy enojados con Dios, con la persona que ha muerto, o con las personas que todavía están vivas. A veces la gente niega que la persona realmente ha muerto y tratan de creer que él o ella va a volver a la vida. A veces la gente puede pensar que la persona muerta les habla. Las personas pueden sentirse así durante un par de semanas.
- **Aldea 2: No se ve esperanza**. Después de un tiempo, dejamos de sentirnos enojados y comenzamos a sentirnos tristes. Todo puede parecer sombrío y gris. Puede resultar difícil concentrarse en la escuela o comportarse como lo antes. Muchas personas se sienten de esta manera varios meses, y esto es normal. Un día pueden estar

listas para jugar con otros niños, pero al día siguiente se sienten tristes de nuevo. Esto también es normal.

- **Aldea 3: Nuevos comienzos.** Después de algunos meses, si hemos tomado tiempo para llorar y estar tristes por la persona que hemos perdido, entonces vamos a empezar a pensar en cosas nuevas y vamos a estar listos para divertirnos de nuevo. Es posible que deseemos hacer nuevos amigos o salir a jugar con los viejos amigos.

Pida a un niño de la Aldea 2 que regrese a la Aldea 1, y explique que no todo el mundo va directamente de la Aldea 1 a la 2 y después a la 3. A veces, la gente de la Aldea 2 vuelve a sentirse enojada como se sintieron en la Aldea 1, pero después de un tiempo la ira pasará. La gente a menudo regresa a la Aldea 1 o 2 en días especiales como el aniversario de la muerte o en un día de fiesta. Dé ejemplos de los niños que vuelven a una aldea anterior y dramatícelo.

Explique que cada persona (adultos incluidos) puede estar en una etapa diferente del duelo y puede sentirse y comportarse de manera muy diferente. Esto es normal. (En la página 105 encontrará otra opción de cómo enseñar esta sección). Pida a los niños que miren las páginas de recuerdos en sus libros (empezando en la página 26).

✲ PREGUNTAS PARA HACER

1. ¿Has dibujado imágenes o símbolos de alguien o algo que has perdido? ¿Quién es? ¿Qué es?

2. ¿Hay más personas o cosas que te gustaría agregar a tus páginas de recuerdos? Si es así, que lo hagan. *[Mientras dibujan, anímeles a pensar en cómo se sienten y lo que les gustaría decirles a aquellos que no tuvieron la oportunidad de hacerlo en el momento de la pérdida. Por ejemplo, un niño puede querer decirle adiós a la persona o expresarle su dolor].*

3. ¿Qué se siente cuando te recuerdan lo que has perdido? *[Hablen de cómo sus sentimientos son similares y diferentes. No hay respuestas correctas o incorrectas cuando se habla de sentimientos].*

4. Ahora miren la imagen del proceso de duelo en sus libros (página 40). Pídales que marquen dónde creen que están ahora.

C. Serpientes y escaleras

Utilice el tablero de juego que ha preparado. Para empezar a jugar, haga que cada niño tire los dados. La persona con el número mayor inicia, y luego se va alrededor de la mesa hacia la derecha, haciendo que cada persona tire los dados y avance de acuerdo al número en los dados. Cuando alguien cae en la parte inferior de una escalera, puede "subir" como un bono. Cuando alguien cae en la parte superior de una serpiente, tiene que bajar hasta el final de la serpiente.

A medida que juegan Serpientes y escaleras, hablen de cómo a veces todo se siente bien y está bien. Entonces, sucede algo que hace que se deslicen hacia abajo o se sientan mal.

Anime a los niños a seguir jugando, seguir en el juego y no rendirse. Asegúrese de jugar hasta que cada uno termine el juego. Enfatice que la vida continuará, y que pueden recuperarse de sus pérdidas.

Proyecto para llevar a casa

Haga que los niños le digan a su familia sobre El camino del duelo.

TOME UN RECESO

D. José sigue en la prisión

2. ¿Quién se había olvidado de él?
3. ¿Cómo crees que José se estaba sintiendo?

Génesis 40–41

Libro Club sanar corazones, página 40

En la lección anterior, José todavía estaba en la cárcel. El copero, cuyo sueño José había interpretado, se olvidó de él. Algún tiempo había pasado y José debe haber pensado muchas veces sobre lo difícil que la vida era para él.

Algunos de los momentos en la vida de José eran buenos, y entonces él podía tener esperanza en su futuro. Uno de esos momentos fue cuando Dios le dio el significado de los sueños y el copero fue puesto en libertad. El copero debía haber recordado a José, pero no lo hizo.

Y ahora José seguía solo, encerrado en prisión, aún recordando. José pensaba: "Si tan solo mis hermanos no me hubieran odiado; si la esposa de Potifar no hubiera mentido acerca de mí; aunque sea que el copero me hubiera recordado". Trece años es mucho tiempo para pensar en todo lo que ha perdido.

Dos años completos más pasaron antes de que la vida de José cambiara. En ese tiempo, el rey de Egipto tuvo dos sueños que lo perturbaron mucho. En ambos sueños, el rey estaba de pie a la orilla del río Nilo. En el primer sueño, había siete vacas gordas que fueron devoradas por siete vacas flacas y feas. En el segundo sueño, había siete espigas de trigo sanas que habían sido tragadas por siete espigas delgadas. Entonces el rey se despertó. Estaba preocupado, mandó llamar a sus sabios y magos, pero ninguno de ellos pudo decirle al rey lo que significaban sus sueños.

Al fin, el copero se acordó de José. Él le dijo al rey que José había explicado correctamente dos sueños en la prisión. Por lo que el rey mandó llamar a José. Él le pidió a José si podía explicar sus sueños. José respondió: "Yo no puedo, su majestad, pero Dios le dará una explicación". Después de que el rey describió lo que sucedió en sus sueños, José le dijo que ambos eran el mismo sueño. José le explicó que habría siete años en Egipto con buenas cosechas. Estos siete años buenos serían seguidos por siete años de sequía y hambruna. José le dijo al rey que debía almacenar el grano durante los buenos años para alimentar a las personas durante los siete años de malas cosechas y hambruna.

El rey quedó tan impresionado con José que puso a José a cargo de su palacio y de todo el pueblo. Solo el propio rey era mayor que José. El rey le dio a José una mujer por esposa, y tuvieron dos hijos antes de los años de hambruna. José organizó almacenes en todo el país para que en ellos se almacenara el grano.

Después, los años de hambre llegaron. La hambruna afectó a Egipto y a todos los países vecinos. Las personas venían de todas partes para comprar granos a José.

⚙ **PREGUNTAS PARA HACER**

1. ¿Qué soñó el rey?
2. ¿Qué explicación da José de los sueños del rey?
3. Después de que José salió de la cárcel, ¿qué hizo?
4. Dios le dio a José el don de ser capaz de interpretar los sueños. ¿Qué dones o habilidades te ha dado Dios?

E. Actividad

Haga que el grupo dramatice la historia.

F. Versículo para memorizar

Libro Club sanar corazones, página 43

Salmo 10:14 (RVC): *Pero tú sí ves los trabajos y la humillación, y a cada uno le das su recompensa. En ti busca amparo el desvalido; ¡eres el refugio de los huérfanos!*

7. DECIR NO AL TOQUE INAPROPIADO

Materiales necesarios:
- Un billete (de cualquier valor, limpio y bastante nuevo).
- Una muñeca o un oso de peluche.
- Juego *Serpientes y escaleras*.

Al final de esta lección, los niños deben:
- Saber qué hacer si alguien trata de abusar de ellos sexualmente.
- Saber qué hacer si alguien ya los ha abusado sexualmente.
- Experimentar que Dios los ama a pesar de lo que pudo haber sucedido.

A. Marta le cuenta a Rosa un secreto

Libro Club sanar corazones, página 45

Una vez terminado el funeral, los familiares se fueron y Ana tuvo que regresar a su trabajo en la capital. Carlos y Rosa se volvieron a acostumbrar a la rutina de vivir con su abuela.

Una tarde, Rosa estaba jugando con sus primos. Rosa notó que su prima, Marta, parecía estar apartada y triste. La última vez que se vieron Rosa y Marta siempre estaban juntas. Hasta dormían en la misma cama, como hermanas. Pero esta vez, Marta se veía diferente y no quería estar con Rosa.

Una mañana fueron al río juntas. Rosa le preguntó: "Marta, te ves diferente. ¿Estás bien? ¿Estás enferma?" Rosa notó que Marta se incomodó cuando Rosa le hizo esas preguntas. "¡Marta, yo soy más que tu prima, soy tu amiga! ¡Me puedes decir lo que sea! ¿Estás bien?"

Marta se quedó callada por un tiempo, con la mirada hacia el agua, pero finalmente, con voz muy baja, dijo: "Me pasó algo muy malo el mes pasado. Algunas tardes, mis hermanos y yo nos quedamos con una vecina por las tardes, mientras que esperamos que mamá salga del trabajo. Una tarde, el hijo adulto de la vecina, vino a visitarla. Cuando su mamá fue a la cocina a preparar la comida, él ... él me tocó en mis partes privadas. Y ahora me siento culpable y sucia. ¡No sé qué hacer!", dijo Marta llorando. "La semana que viene empezamos la escuela otra vez y tengo que regresar a esa casa por las tardes. ¡Tengo mucho miedo de que lo vuelva a hacer otra vez!"

"¡Cuánto lo siento, Marta!", dijo Rosa. "¿Se lo dijiste a tu mamá?"

"¡No!", exclamó Marta. "¡Él dijo que si se lo decía a alguien, me lastimaría a mí y a mi familia!"

Rosa estaba muy confundida y preocupada por su prima. ¡Sus padres siempre le habían dicho que si se enteraba que alguien estaba lastimando a una amiga o a ella, se lo debía decir a sus padres inmediatamente! Así que esa tarde, cuando estaba en la cocina con la abuela Elisa, Rosa le contó lo que Marta le había dicho. Su abuela se quedó callada, pero esa noche, mientras los niños estaban en las camas, Rosa pudo escuchar a su abuela hablando con la tía Ester, la mamá de Marta.

Al próximo día, la tía Ester se acercó a Marta y la abrazó. Se sentaron juntas en el balcón de la casa y pasaron un rato largo hablando. La tía Ester le dijo que Marta hizo lo correcto al contarle a Rosa lo que había sucedido. También le dijo que el hombre que la tocó hizo algo muy malo. Y que había sido culpa de él, no de ella. La tía Ester también le prometió a Marta, que ningún niño regresaría a esa casa. Marta lloró por un rato y la tía Ester la abrazó. Luego oraron juntas pidiéndole a Dios que sanara el dolor que Marta estaba sintiendo en su corazón.

Después de un tiempo, Rosa pudo ver que Marta se veía más contenta y se parecía más a la Marta de antes.

⚙ **PREGUNTAS PARA HACER**

1. Marta no sabía si era seguro o posible compartir con Rosa lo que le había sucedido. ¿Cómo crees que se sintió al decírselo a Rosa?

2. ¿Alguna vez has tenido algo en tu vida que se te hace difícil compartirlo con otros? ¿Cómo crees que te sentirías si se lo dices a alguien? ¿Qué crees que pasaría?

3. El hijo adulto de la vecina, en la historia anterior, le dijo a Marta que no le dijera a nadie lo que él le hizo a ella. Si un adulto te hace algo malo, y luego te dice que no se lo digas a nadie, ¿qué debes hacer?

4. ¿Recuerdas la pared de ladrillos que hicimos? ¿Qué ladrillo Marta no tenía en su vida? ¿Qué atacó la pared de Marta, y trató de destruirla?

B. Pase lo que pase con nosotros, Dios todavía nos ama

Muestre a los niños el billete limpio y casi nuevo. Pregunte: ¿Qué puedo comprar con este billete? Después de que respondan, arrúguelo bien hasta que el billete se vea usado. Ahora pregunte:

1. ¿Puedo comprar todavía las misma cosas?

2. ¿Tiene este billete todavía el mismo valor?

Al igual que este billete, los niños que han sido maltratados siguen siendo igual de valiosos. No importa lo que les haya sucedido y lo que les hayan hecho, Dios todavía los ama y los valora como si nunca hubiera pasado.

Dios nos ha amado primero y nunca dejará de amarnos. El apóstol Pablo dijo: *"Yo estoy seguro de que nada podrá separarnos del amor de Dios: ni la vida ni la muerte, ni los ángeles ni los espíritus, ni lo presente ni lo futuro, ni los poderes del cielo ni los del infierno, ni nada de lo creado por Dios. ¡Nada, absolutamente nada, podrá separarnos del amor que Dios nos ha mostrado por medio de nuestro Señor Jesucristo!"* (Romanos 8:38–39).

Hable acerca de cómo Jesús los quiere sanar y hacerlos tan hermosos como una flor. Luego deles tiempo para colorear la flor en el libro *Club sanar corazones* en la página 47.

C. Di no

Sostenga una muñeca o un osito de peluche y muestre a los niños y a las niñas las partes privadas que no deben ser tocadas por otros. Deben decir "no" si la gente quiere tocar en esos lugares. Con los niños más grandes, puede ser más apropiado usar el dibujo del cuerpo de la Lección 3 para esta conversación.

Haga que los niños corran alrededor hasta que usted diga: ¡Alto! A continuación, diga un ejemplo, y haga que los niños griten "toque bueno" o "toque malo".

1. En el servicio dominical, el pastor pide a todos que saluden a su vecino. Todos se dan la mano. *(Toque bueno)*
2. Tu padre vuelve a casa después de un largo viaje y abraza a toda la familia. *(Toque bueno)*
3. Un adolescente se acerca a una chica fuera de la escuela y la agarra y la besa. *(Toque malo)*
4. Las personas van apretadas en un autobús y un hombre extraño pone un brazo alrededor de los hombros de una mujer y la aprieta. *(Toque malo)*
5. Un niño va a la clínica con un dolor en el estómago. La enfermera lo lava y le pone la medicina. *(Toque bueno)*
6. Un tío llega a la casa, cuando solo su sobrina está allí. Él empieza a tocarle sus partes íntimas y le dice que le va a dar un regalo si ella le permite hacer eso. *(Toque malo)*
7. El amigo de tu padre te dice que eres muy linda y especial para él. Te mira de una manera que te hace sentir extraña y entonces él pone su brazo alrededor de ti y te sostiene apretada. *(Toque malo)*
8. Tu maestro dice que fallaste un examen pero te dará una buena nota si dejas que te toque entre las piernas. *(Toque malo)*

Piense en otros ejemplos de cosas que pueden pasarles a los niños. Tenga al menos doce ejemplos para que el juego pueda continuar durante un período de tiempo.

Pregunte a los niños: Si alguien te estuviera tocando de manera inapropiada, ¿a quién le dirías? Al final, dígales: Si alguien quisiera hablar más de este tema, puede acercarte a mí y contarme en privado.

Esté atento a la reacción de los niños a la discusión y al juego. Tal vez despierte emociones tales como lágrimas, temor, ira, silencio o incluso alguien que quiera irse del grupo. Prepárese para tener una conversación en privado con el niño o la niña, sin obligarlos a contar su historia. No obstante, si algún niño comparte que ha sido víctima de abuso sexual, usted debe empezar la debida denuncia legal ante las autoridades civiles, según sean las leyes locales.

D. Actividad

Juego de *Escaleras y serpientes*.

Proyecto para llevar a casa

Los niños pueden enseñar el juego del toque a sus hermanos y hermanas, o a aquellos con los que viven.

TOME UN RECESO

E. José está a cargo

⚙ REPASO

¿Qué estaba haciendo José cuando terminó la historia?

Génesis 42–44

Libro Club sanar corazones, página 47

Ahora vamos a ver lo que estaba pasando con la familia de José, en el vecino país de Canaán donde vivían. Recuerda que José era el encargado de cuidar la comida en Egipto. José tenía un trabajo importante porque había hambre, y esa era la única comida para todos los países vecinos.

Cuando Jacob, el padre de José, se enteró de que había comida en Egipto, les dijo a diez de sus hijos que fueran a Egipto para comprar un poco para que no se murieran de hambre. Jacob no envió a Benjamín, el hijo menor, porque tenía miedo que le pasara algo malo.

Cuando los hermanos de José llegaron a Egipto, se inclinaron ante José, ya que él era responsable de la venta del grano. Los hermanos no sabían que se trataba de José, porque no lo habían visto en muchos años. Pero José sabía quiénes eran ellos. Por lo que con una voz enojada José preguntó a sus hermanos de dónde venían. Le dijeron que venían de Canaán. Entonces José los acusó de mentir y de ser espías. Los hermanos exclamaron: "¡No somos espías! Todos somos hijos de un mismo padre; un hermano todavía está en casa y otro ha muerto".

Entonces José los puso en la cárcel por tres días, y finalmente los dejó salir, excepto a Simeón, uno de los hermanos. José dijo: "Cuando

---

vuelvan con su hermano menor, Simeón puede salir de la cárcel. ¡Si ustedes no traen a su hermano menor no les voy a vender más comida!"

Los hermanos se dijeron unos a otros: "Ahora estamos sufriendo por lo que hicimos con nuestro hermano. Vimos la angustia en que estaba cuando él pidió ayuda, pero no lo escuchamos. Es por eso que estamos en este problema ahora".

Los hermanos no sabían que José podía entenderles. Él había estado utilizando un intérprete (alguien que puede traducir de un idioma a otro) por lo que pensaron que no sabía lo que decían. Pero José lo hizo solo para engañarlos. Escuchó todo lo que dijeron y tuvo que apartarse porque estaba llorando.

Así que José, secretamente, puso su dinero en sus sacos y envió a sus hermanos de regreso. Regresaron a casa y le dijeron a Jacob todo lo que había sucedido. Ellos le dijeron lo que José les había dicho que hicieran. Jacob no quería enviar a Benjamín de regreso con sus hermanos. Tenía miedo de que Benjamín no regresara, al igual que José y Simeón.

Pero cuando todo el grano se había acabado, Judá sabía que tenían que regresar a Egipto con Benjamín, o todos iban a morir. Por lo que Judá prometió a Jacob que protegería a Benjamín o asumiría la culpa, y los hermanos regresaron a Egipto.

Cuando los hermanos regresaron a Egipto, José invitó a todos a cenar en el palacio. Los hermanos se asustaron, pero se unieron a José, junto con Simeón, para la cena. Cuando José vio a Benjamín, estaba tan abrumado por los sentimientos que tuvo que salir corriendo para ir a su cuarto a llorar. Finalmente, cuando fue capaz de controlar sus sentimientos, regresó al comedor y les dijo a todos que comieran. José dio a Benjamín cinco veces más comida que la que les dio a los otros hermanos.

Después de la comida, José envió a los hermanos de regreso a casa. Él puso su dinero en sus sacos—pero también hizo que un sirviente

escondiera su taza de plata, en la que él bebía, en el saco de Benjamín. Después de un rato, el criado llegó corriendo detrás de los hermanos, y dijo: "¡Ustedes son ladrones!" Cuando se abrieron todos los sacos, la copa fue hallada en el saco de Benjamín. Regresaron al palacio, y José dijo, "El que me robó la copa será mi esclavo ahora".

Judá le explicó a José todo lo que su padre Jacob había dicho. Explicó cómo Jacob tenía miedo de que algo le fuera a pasar a Benjamín, lo que causaría un gran dolor a Jacob. Entonces Judá le dijo, "y ahora, señor, me quedaré aquí como su esclavo en lugar del joven; déjelo ir con sus hermanos. ¿Cómo puedo volver a mi padre, Jacob, si el muchacho no regresa? No puedo soportar ver este desastre venir sobre mi padre".

⚙ PREGUNTAS PARA HACER

1. ¿Por qué los hermanos de José no lo reconocieron?
2. ¿Cómo se sintió José cuando vio a sus hermanos de nuevo?
3. ¿Por qué crees que José pidió a su siervo que pusiera su taza en el saco de Benjamín?
4. ¿Alguna vez has sentido ganas de llorar y has tenido que aguantarte como lo hizo José?
5. ¿Alguna vez hiciste algo malo que no te atreviste a decírselo a alguien durante mucho tiempo? ¿Cómo te sentiste?

F. Actividad

Dramaticen esta historia.

G. Versículo para memorizar

Libro Club sanar corazones, página 51

Isaías 43:1b (TLA): ... *Dios tu creador te dice: "No tengas miedo. Yo te he liberado; te he llamado por tu nombre y tú me perteneces".*

8. LLEVAR NUESTRO DOLOR A LA CRUZ

Materiales necesarios:
- Una cruz.
- Una pequeña caja de cartón o una canasta.
- Fósforos (cerillos) o un mechero.
- Un pedazo de papel pequeño para cada niño.
- Un recipiente a prueba de fuego.

Al final de esta lección, los niños deben:
- Tener la oportunidad de pedirle a Jesús que sea su amigo y perdone sus pecados.
- Tener la oportunidad de pedirle a Jesús que sane su dolor.

A. Rosa le pide a Jesús que sea su amigo

Libro Club sanar corazones, página 53

La abuela Elisa intentaba llevar a los niños a la iglesia del pueblo todos los domingos. Unos años atrás, a Rosa y a Carlos les encantaba ir a la iglesia a escuchar las historias bíblicas. Pero, últimamente, no les gustaba ir. Después de perder a su papá, y que su mamá se fuera, Carlos y Rosa sentían que no podían confiar en nadie, y menos en Dios. Carlos dejó de ir a la iglesia, pero Rosa todavía iba con su abuela cada domingo.

Un domingo, un pastor vino a hablar con los niños de la escuela dominical. Él les explicó a los niños que como somos descendientes de Adán y Eva, nosotros también pecamos. Aún cuando no queremos hacerlo, cometemos pecados.

El pastor les contó la historia de José. Los hermanos de José estaban celosos y lo vendieron a unos mercaderes extranjeros. A José le pasaron muchas cosas malas, una después de la otra, pero aun así, él no se dio por vencido. Continuó creyendo que Dios lo amaba y que Dios lo iba a ayudar.

Entonces el pastor dijo que mil años después de la muerte de José, Dios envió a su único Hijo, Jesús, para vivir en el mundo y morir en la cruz. Cuando Jesús murió en la cruz tomó nuestro lugar como sacrificio por todos los pecados y por todo el sufrimiento y dolor que esos pecados causaron en el mundo.

Rosa escuchó atentamente. Al final de la conversación, el pastor dijo: "Vamos a darle gracias a Jesús por venir a vivir con nosotros, y por sacrificar su vida por nuestros pecados. ¿Alguien quisiera pedirle a Jesús que sea parte de su vida, que sea su amigo y perdone sus pecados? ¿Alguien quisiera llevar el dolor en su corazón a Jesús para que él lo sane? ¡Considérelo!"

Esa noche, Rosa estaba cenando con su abuela, y empezaron a hablar de lo que el pastor había mencionado esa mañana. La abuela Elisa dijo: "Cuando yo era una niña, más joven que tú, mi papá murió y mi mamá estaba muy enferma. Yo sentía que no le importaba a nadie. Un día, en la iglesia, le pedí a Jesús que entrara a mi vida, perdonara mis pecados y que fuera mi amigo. Yo quería obedecer y complacer a Dios, mi amado Padre celestial. Entonces, sentí una paz dentro de mí y supe que Dios me amaba. Cuando suceden cosas malas en mi vida, yo sé que Jesús está conmigo siempre".

Por todo lo que Rosa había experimentado en su vida, ella sentía que Dios estaba muy lejos. Pero ahora, ella quería sentir a Dios cerca una vez más. "Abuela", dijo Rosa, "¿Me ayudas a orar? Quiero pedirle a Dios que sea parte de mi vida y que sea mi amigo". Oraron juntas y Rosa sintió paz en su corazón. Una paz que no había sentido desde que su papá se había ido.

✸ PREGUNTAS PARA HACER

1. ¿Qué cosas dijo el pastor que hicieron que Rosa pensara en su vida?

2. ¿Qué decidió hacer Rosa esa noche?
3. ¿En qué nos ayudó Jesús cuando murió en la cruz? [perdonar nuestros pecados y sanar nuestro dolor interior]

B. Dibujar sobre la vida

Vaya a la página en blanco del libro de *Club sanar corazones*, página 55. Que los niños se dibujen a sí mismos, o a símbolos que los representen a ellos en su vida diaria. Ahora diga: "Dibuja a Jesús también, ¿dónde lo vas a dibujar? ¿Está él cerca o lejos de ti? ¿Quieres pedirle a Jesús que sea tu amigo?".

Si lo considera apropiado, se puede dialogar con los niños sobre sus dibujos de manera personal. Que los otros niños coloreen o dibujen durante este tiempo de diálogo personal con cada uno. Ore con ellos individualmente, pero tenga cuidado en no presionarlos para tomar decisiones.

TOME UN RECESO

C. Jesús vino para librarnos del pecado y el sufrimiento

Libro Club sanar corazones, página 56

Aprendimos que cuando Adán y Eva desobedecieron a Dios en el jardín, la gente comenzó a sufrir. Pero recuerda cómo Dios le dijo a la serpiente que alguien de la familia de la mujer le aplastaría la cabeza —es decir, que le pondría fin al poder de Satanás. El pueblo de Dios esperó durante un largo tiempo para que esta promesa se hiciera realidad. Muchas personas vivieron toda su vida sin ver que esto sucediera. Dios envió mensajes a su pueblo a través de los profetas que seguían diciendo a las personas que algún día esta promesa se haría realidad.

Finalmente, ¡sucedió! Los profetas dijeron que un hijo nacería en la ciudad de Belén, y eso es precisamente lo que ocurrió. Jesús nació en Belén de una joven llamada María. Cuando creció, fue por los campos enseñando a la gente acerca de Dios, curando a los enfermos, y haciendo otros milagros. Él era especialmente amable con los niños.

---

8. Llevar nuestro dolor a la cruz

Él los escuchaba, los tocaba y los sanaba aun cuando los adultos trataban de alejarlos. Al final, algunos líderes estaban celosos de cuán popular era Jesús, y dispusieron que lo matara el gobierno. Jesús fue clavado en una cruz y sufrió una muerte muy dolorosa. Estuvo muerto por tres días, pero luego volvió a la vida. Él apareció a sus seguidores para animarlos, y para hacerles saber que iba a enviar el Espíritu Santo para ayudarles. Él prometió que iba a volver de nuevo un día. Luego subió al cielo.

Cuando Jesús murió, tomó los pecados y el sufrimiento de todo el mundo en sí mismo. Es por ello que podemos llevar nuestro dolor a la cruz y pedirle a Jesús que perdone nuestros pecados y sane nuestros corazones heridos. Jesús aplastó el poder de Satanás y del pecado.

Antes de pasar a la siguiente sección, tome unos momentos para ver si los niños tienen alguna pregunta.

D. Llevar nuestro dolor a Jesús

Diga a los niños: Jesús conoce todo nuestro dolor, las cosas malas que las personas nos han hecho, y las cosas malas que nosotros hemos hecho a los demás.

Pídales que escriban en una hoja de papel algo que quieran llevar a Jesús. Puede ser el dolor de algo malo que les haya pasado que todavía les duele en el interior, o puede ser un pecado que desean que Jesús les perdone. Si prefieren, pueden hacer un dibujo de estas cosas en lugar de utilizar palabras. Nadie más verá su papel.

Dé a los niños tiempo para hacer esto. Una vez que todos los niños tengan su escrito terminado, deje que ellos tomen sus papeles y los pongan al pie de una cruz en una pequeña caja. Luego salga donde pueda hacer fuego con seguridad y quemar los papeles en un recipiente a prueba de fuego.

Entonces diga a los niños: una vez que Jesús nos perdona, toma nuestros pecados. Se han ido por completo. A veces nos olvidamos de esto y seguimos culpándonos a nosotros mismos por las cosas malas que hemos hecho, pero recuerda, a los ojos de Jesús se han ido para siempre, al igual que el papel que se quemó.

Jesús también comienza a sanar nuestro dolor, pero puede tomar mucho tiempo para que el dolor se vaya completamente. Un día, Jesús volverá y hará un mundo perfecto de nuevo, como lo fue en el jardín del Edén con Adán y Eva. Entonces conoceremos que todo nuestro dolor se ha ido, al igual que el papel que hemos quemado.

Estoy muy feliz de que hayas traído tu dolor a la cruz hoy. ¿Sabías que puedes traer tu dolor a Jesús en cualquier momento con solo hablar con él a través de la oración? Incluso en medio de la noche, en la escuela, cuando te sientas triste, habla con Jesús y pídele que sane tu corazón. Él está siempre contigo.

Juntos canten una canción acerca de Jesús.

E. Versículo para memorizar

Libro Club sanar corazones, página 57

Juan 3:16 (RVC): *"Porque de tal manera amó Dios al mundo, que ha dado a su Hijo unigénito, para que todo aquel que en él cree no se pierda, sino que tenga vida eterna".*

Proyecto para llevar a casa

Anime a los niños a decirles a sus padres o guardianes cómo llevaron su pecado y dolor a la cruz de Cristo.

9. PUEDO PERDONAR

Materiales necesarios:
- Una cuerda (soga) larga y gruesa.
- Una cruz.
- Una caja de cartón.
- Un pequeño trozo de papel para cada niño.

Al final de esta lección, los niños deben:
- Entender por qué es importante perdonar.
- Haber comenzado a perdonar a las personas que les han hecho daño.
- Ver a José como un modelo a seguir.

A. Carlos tiene una piedra caliente en el estómago

Libro Club sanar corazones, página 59

Cada día, Carlos se sentía más y más enojado. Estaba enojado con su papá por irse y no regresar vivo. Estaba enojado con Marcos porque lo trataba tan mal y abusaba de él. Y hasta estaba enojado con Dios por permitir que le ocurrieran todas estas cosas malas a su familia. Cuando pensaba en todo esto, le daba dolor de cabeza y de estómago. Sentía como si algo lo estuviera quemando por dentro.

Ana había podido dejar algún dinero cuando los visitó, así que Carlos estaba yendo a la escuela por las mañanas. Una de las maestras, que también era líder de jóvenes de la iglesia, se preocupó por Carlos porque lo notaba muy triste y enojado, al igual que muy solitario y sin muchos amigos.

Una mañana, al terminar la escuela, Carlos estaba sentado fuera y comenzó a pensar en las cosas que usualmente lo enojaban mucho. "¿En qué estás pensando? Te noto muy serio", preguntó la maestra.

Carlos le dijo: "¡Quiero crecer rápido y ser muy fuerte para ir a pelear con Marcos en la zapatería! ¡Y luego ir a buscar a los que mataron a mi papá!"

"¿Te sientes mejor cuando piensas así?", preguntó la maestra.

"¡No! Me siento como si tuviera una piedra caliente en mi estómago", contestó Carlos.

"Es normal sentirte enojado", dijo la maestra.

"Y yo sé que se supone que los perdone, ¿verdad? ¡Pero no puedo!", dijo Carlos.

La maestra se quedó callada un momento, y luego le dijo: "Carlos, ¿qué crees que quiere decir perdonar?" Carlos la miró. Nunca había pensado en eso. "¿Olvidar todas las cosas malas que otros hicieron contra mí? ¿Decir que no importa?", contestó Carlos.

"¡No, Carlos!", contestó la maestra. "¡Sí importa! No se puede olvidar algo así porque sí. Lo que te está pasando a ti, le importa a Dios y a mí. El perdón no es olvidar o decir que no importa. Perdonar es decir, 'Me heriste, pero no te voy a odiar. No voy a intentar tomar venganza'. Fíjate, Dios no nos dice que nuestros errores no importan. ¡Sí importan! Por eso es que Jesús murió en la cruz. Lo que Dios dice es que nos ama aunque pecamos y quiere ser nuestro amigo".

Carlos se golpeó con los puños en las rodillas, "¡No puedo perdonarlo! ¡Yo quiero ser amigo de Jesús, pero no puedo dejar de odiar a Marcos y todos los que me han herido!"

La maestra puso su mano sobre la rodilla de Carlos y dijo: "Carlos, empieza siendo amigo de Jesús. No tienes que perdonar para ser amigo de Jesús. Jesús quiere ser tu amigo aunque no perdones. Pero cuando seas su amigo, Jesús te va a ayudar a perdonar. Hay veces que el perdonar toma mucho tiempo. Esa es parte de la travesía con Jesús".

Carlos se quedó callado por un tiempo. Lo que estaba diciendo la maestra tenía mucho sentido. "Está bien, quizás Jesús me puede enseñar a perdonar. ¡Quizás él puede hasta ayudarme a no sentirme tan enojado todo el tiempo! Yo quiero que Jesús venga a ser parte de mi vida y que sea mi amigo". La maestra y Carlos oraron juntos.

9. Puedo perdonar

1. ¿Para Carlos qué significaba perdonar?
2. ¿Cómo explicó la maestra el verdadero significado del perdón?
3. ¿Puedes compartir un momento cuando perdonaste a alguien, o cuando alguien te perdonó a ti?

B. Dejarlo ir

Haga que dos niños tomen los extremos opuestos de un trozo de tela o de una cuerda gruesa (soga), torciendo los extremos en direcciones opuestas por lo que la tela se tensa y se tuerce en el centro. Presente esto como una imagen de no perdonar y sus resultados: tensión, nudos en el estómago, y así sucesivamente.

Pregunte a los niños: ¿Qué se debe hacer para deshacerse de los nudos? *[Una persona, por lo menos, tiene que soltar su lado del argumento, o el deseo de venganza].*

Haga que la persona en un extremo suelte la cuerda.

Diga: La Biblia nos dice *"Queridos hermanos, no busquen la venganza, sino dejen que Dios se encargue de castigar a los malvados. Pues en la Biblia Dios dice: 'A mí me toca vengarme. Yo le daré a cada cual su merecido'".* (Romanos 12:19). Tenemos que optar por dejar de lado nuestra falta de perdón y dejar a la persona que nos ha herido en las manos de Dios. Luego avanzar en los planes que Dios tiene para nosotros.

C. ¿Quién sufre?

Cuando una persona no perdona, él o ella está atada a la persona que le hizo daño, y esto hace que su vida sea muy difícil. Elija a dos niños del mismo tamaño y género y haga que se pongan de pie de espaldas. Ellos pueden unirse de los codos o, si lo permiten, se pueden atar con la cuerda alrededor de la cintura. Elija uno para que represente a Carlos. El otro es un chico que le robó su pelota de fútbol. "Carlos" procede a hacer lo que el líder dice:

- Cuando Carlos se levanta de la cama por la mañana, el chico está ahí.
- Cuando Carlos desayuna, el chico está ahí.
- Cuando Carlos va a la escuela, el niño está allí.

- Cuando Carlos trata de estudiar y hacer su tarea escolar, el niño está allí.
- Cuando Carlos ora, el chico está ahí.
- Cuando Carlos come, el chico está ahí.
- Carlos no puede escapar del niño hasta que lo perdone.

Luego haga que "Carlos" desate el extremo de su cuerda y quede libre.

⚙ **PREGUNTAS PARA HACER**

1. ¿Qué pasó en este drama?
2. ¿Quien sufrió?
3. ¿Qué debe hacer Carlos para detener su sufrimiento?
4. ¿Podría Carlos perdonar al niño, incluso si el niño no le dice que lo siente?

D. Perdonar a los demás

Pida a los niños que piensen si hay personas a las que necesitan perdonar. Luego pídales que escriban o dibujen en un pedazo de papel cuán enojados se sienten hacia esas personas. Pídales que traigan los papeles al pie de la cruz y los pongan en una caja. Entonces oren juntos para que Dios ayude a todos a perdonar a esas personas y quitarles la ira. Al final, lleven los papeles fuera y quémenlos, o si es posible, ate los papeles a globos y échelos a volar y perderse.

Ayude a los niños a entender que el perdón es a menudo un proceso que no tiene que suceder todo de una vez, pero esto puede ser el comienzo.

Proyecto para llevar a casa

Pida a los niños que compartan sobre perdonar a aquellos que los han herido a ellos y a sus hermanos y hermanas.

TOME UN RECESO

E. José y el perdón

⬡ REPASO

1. ¿Qué dijo José a sus hermanos acerca de Benjamín? [*Que tenía que ser un esclavo porque la copa de José fue encontrada en su saco*].
2. ¿Qué podría haber hecho José con sus hermanos si hubiera querido?

Génesis 45

Libro Club sanar corazones, página 62

Después que Judá dijo que estaba dispuesto a convertirse en un esclavo para que Benjamín pudiera ir a casa con su padre, José ya no podía fingir que no conocía que amaba a sus hermanos. Envió a los ayudantes afuera. Él gritó en voz muy alta y les dijo: "¡Yo soy José! ¿Mi padre sigue vivo?" Sus hermanos no pudieron responderle porque tenían mucho miedo. Entonces José indicó a sus hermanos que se acercaran a él y les dijo: "Yo soy su hermano José, el que vendieron a Egipto! Pero no se enojen o culpen por haberme vendido aquí. Fue realmente Dios que me envió para salvar las vidas de las personas".

José dijo a sus hermanos que fueran a casa y le contaran a su padre lo que le había sucedido. Él les dijo que trajeran a Jacob y a toda su familia y sus animales a Egipto para que pudieran salvarse de la hambruna. José sabía que habría cinco años más de hambre. José abrazó a Benjamín y ambos lloraron. Besó a todos sus hermanos y también lloró con ellos.

Cuando el rey se enteró de la noticia estaba complacido y envió a los hermanos con carros para traer a la familia. Él prometió darles la mejor tierra en Egipto. José envió a sus hermanos con regalos y buena comida, pero le dio aún más a Benjamín.

Cuando los hermanos se iban, José les dijo: "No peleen en el camino!"

Cuando los hermanos regresaron a su padre Jacob, le dijeron: "¡José está vivo! ¡Él es soberano de todo Egipto!" Jacob no creía al principio, pero cuando le explicaron todo lo que José había dicho y le mostraron

todo lo que él les había dado, Jacob se recuperó de la conmoción y luego dijo: "¡Mi hijo José todavía está vivo! ¡Esto es todo lo que podía pedir! Iré y le veré antes que yo muera".

⚙ **PREGUNTAS PARA HACER**

1. Los hermanos de José se asustaron cuando descubrieron que el hombre a cargo era José. ¿Por qué se asustaron? ¿Qué hizo José y qué les dijo para tranquilizarlos?
2. ¿Qué llevaron los hermanos de vuelta para mostrar a su padre?
3. ¿Qué les dijo su padre cuando le dieron las noticias sobre José?
4. Si tú hubieras sido José, ¿crees que hubieras perdonado a tus hermanos?

F. Actividad

Dramatizar la historia.

G. Versículo para memorizar

Libro Club sanar corazones, página 63

Mateo 5:44 (TLA): Jesús dijo: *"Pero ahora yo les digo: Amen a sus enemigos y oren por quienes los maltratan".*

10. RECONSTRUIR VIDAS

A. ¡Un nuevo comienzo!

Libro Club sanar corazones, página 65

La abuela Elisa, Carlos y Rosa continuaron viviendo juntos. Ahora que Ana estaba enviando dinero desde la ciudad para ayudarlos, las cosas habían comenzado a mejorar. Pero aún extrañaban a su mamá y se preguntaban cuándo iban a estar juntos de nuevo. No podían dejar de pensar en las pandillas apoderándose de su pueblo y se preguntaban cuándo sucedería.

¡Un día, llegó una carta que lo cambió todo! Carlos vino corriendo desde el correo con una carta de su mamá. Todos se sentaron juntos y la abrieron. Carlos la leyó en voz alta y mientras fue leyendo, Rosa empezó a brincar de la alegría y Carlos no podía dejar de sonreír.

La carta decía: "¡Gloria a Dios! Tengo un trabajo nuevo con una compañía grande. ¡Estoy trabajando como secretaria para uno de los directores y me están pagando un salario muy bueno! Pude poner un depósito para una casa aquí en la capital y quiero que todos vengan conmigo lo más pronto posible. ¡Hay una escuela muy buena cerca de la casa, y ya los matriculé a los dos! ¡Tienen que estar aquí la próxima semana para comenzar el nuevo semestre!"

Los siguientes días estuvieron muy ocupados empacando todas sus pertenencias y diciéndoles adiós a sus amigos y familiares. La abuela Elisa no estaba tan emocionada como los niños, porque esta mudanza era muy grande y estaba triste porque dejaba atrás a sus familiares y amigos. Sin embargo, la alegría y la emoción de los niños le dio la energía para seguir con la mudanza.

El gran día llegó, y muy pronto estaban sentados en el autobús que los llevaría a su nuevo hogar. La abuela estaba durmiendo mientras Carlos y Rosa estaban hablando, "¡Cuántas cosas pasaron este año!", exclamó Carlos. "Ha sido un año muy difícil, pero ahora tendremos un nuevo comienzo".

"Sí", dijo Rosa, "y me siento diferente ahora que sé que Jesús es nuestro amigo y está con nosotros siempre. ¿Sabes, Carlos? Me gustaría aprender más acerca de Jesús y de cómo seguir sus pasos. Vamos a preguntarle a mamá cuando la veamos". Rosa tenía una gran sonrisa en su cara cuando volteó su rostro para mirar el mundo pasar por la ventana del autobús.

⚙ PREGUNTAS PARA HACER

1. ¿Qué puede hacer la familia de Carlos y Rosa para reconstruir sus vidas?
2. ¿Cómo pueden aprender más de Jesús?
3. Las cosas han mejorado para Carlos y Rosa. Pero cuando las cosas no vayan bien, ¿cómo sabremos que Jesús está siempre con nosotros?

B. Soñar del futuro

Para este ejercicio de arte, puede hacer que los niños usen «Un dibujo sobre de mi futuro» en la página 67 del libro de actividades, o puede distribuir una hoja de papel más grande. Tenga una conversación con los niños sobre lo que podrían hacer en los próximos meses y años. «Mientras Carlos y Rosa comienzan a reconstruir sus vidas, pueden soñar con el futuro. ¿Puedes pensar en lo que te gustaría hacer algún día? ¿Cuáles son tus sueños para el futuro?»

C. Construcción de las conexiones fuertes

Recuerde a los niños de la pared de la lección 5. Pregunte:

1. ¿Qué ladrillos construyen la pared?
2. ¿Hay algo que puedas hacer para que tu pared sea más fuerte?
3. ¿Quién puede ayudarte?

Desarrollar trabajo en equipo: Carrera de tres patas (alternativa: hacer una carrera de relevos)

1. Haga parejas de niños de aproximadamente la misma altura.
2. Ate la pierna izquierda de un niño a la pierna derecha de otro. (Asegúrese de que ningún niño tenga una herida en la pierna y que ambos estén de acuerdo con ser atados juntos.)
3. Haga que todos los pares corran de un lugar a otro para ver quién gana.

Desarrollar la autoestima:

1. Pegar un pedazo de papel en la espalda de cada persona con cinta adhesiva.
2. Haga que todos vayan y escriban cosas positivas acerca de la persona en su hoja.
3. Haga que cada uno lea su hoja al grupo y luego que la guarde en un lugar seguro para llevarla a casa.

Si los niños no saben escribir, invite a que digan cosas alentadoras, mientras que el líder las escribe en los papeles.

D. Aprender a relajarse

Enseñe a los niños esta simple técnica de respiración para relajamiento. Selecciona una posición sentada cómoda.

1. Cierra los ojos, y solo piensa en tu propia respiración.

2. Respira lentamente inhalando y exhalando, llenando tus pulmones y lentamente soltando el aire.
3. Ahueca tus manos como si tuvieras en ellas una taza de chocolate caliente u otra bebida favorita. ¡Ahora usa tu imaginación! Huele tan rico, pero está demasiado caliente para beber. Inhala por la nariz mientras hueles el chocolate caliente, después exhala por la boca mientras soplas el chocolate para enfriarlo. Hagámoslo tres veces.
4. Piensa que estás en un lugar tranquilo. Puede ser la playa, una colina o un árbol. Puedes estar solo o con alguien que te quiere. Puedes pensar acerca de Jesús que te dice lo mucho que te ama.
5. Continúa pensando en tu respiración, que fluye dentro y fuera, dentro y fuera.
6. Después de cinco minutos, abre los ojos, estírate y respira profundo una vez más.

E. Usando los versículos que memorizaste

A veces pensamos en cosas que nos hacen sentir mal, o hacen que sea más difícil trabajar y jugar con los demás. El repetir versículos de la Biblia puede ayudarnos a recordar verdades importantes. ¿Qué versículos de la Biblia serían útiles en las siguientes situaciones?

1. ¿Qué pasa si alguien dice: "Yo no le importo a nadie"? ¿Cuál versículo que has aprendido de memoria ayudaría a esta persona a dejar de pensar en esa idea equivocada? [Isaías 43:1: *Dios tu creador te dice: "No tengas miedo. Yo te he liberado; te he llamado por tu nombre y tú me perteneces"*].
2. ¿Y si alguien dice: "Yo estoy solo y Dios me ha abandonado"? ¿Cuál versículo que has aprendido de memoria ayudaría a esta persona a dejar de pensar en esa idea equivocada? [Hebreos 13:5b, RVC: *Dios ha dicho: "No te desampararé, ni te abandonaré"*].
3. ¿Y si alguien dice, "No hay futuro para mí, estoy desesperado"? ¿Cuál versículo que has aprendido de memoria ayudaría a esta persona a dejar de pensar en esa idea equivocada? [Jeremías 29:11: *Dios dice: Mis planes para ustedes solamente yo los sé, y no son para su mal, sino para su bien. Voy a darles un futuro lleno de bienestar*].

4. ¿Qué pasa si alguien dice, "A Dios no le importa que me sienta mal"? ¿Cuál versículo que has aprendido de memoria ayudaría a esta persona a dejar de pensar en esa idea equivocada? [Salmo 147:3: *Dios sanó las heridas de los que habían perdido toda esperanza*].

Pida a los niños que repasen todos los versículos de memoria que han aprendido. Luego pregunte:

- ¿Cómo podemos llegar a ser mejores amigos de Jesús? [*Leer la Biblia, orar, ir a la iglesia o a un club para estar con otros cristianos*].

TOME UN RECESO

F. La familia de José se reúne

⚙ REPASO

¿Dónde están los hermanos de José ahora?

Génesis 46–50

Libro Club sanar corazones, página 68

Ahora Jacob estaba lleno de alegría y, sin embargo, tenía miedo también. Entonces Dios le habló a Jacob en un sueño, y le dijo que no tuviera miedo de ir a Egipto. A petición de Jacob, José los encontró en el camino. Cuando Jacob y José finalmente se encontraron, José echó los brazos alrededor del cuello de su padre y lloró durante mucho tiempo. Jacob dijo a José: "Estoy dispuesto a morir, ahora que te he visto y sé que todavía estás vivo".

Entonces José fue al rey para pedirle la tierra para su familia, y el rey le concedió algunas de las mejores tierras a la familia de José. Todavía la hambruna era muy grave, y no había comida excepto la que había sido almacenada por José. Así que José proveyó para todo el pueblo y los salvó de la muerte. Jacob ahora tenía 130 años, y vivió otros diecisiete años en Egipto.

Durante ese tiempo la familia de Jacob, llamados los israelitas, se enriquecieron y tuvieron muchos hijos. A la edad de 147 años, Jacob se enfermó y estaba muriendo. Jacob le dijo a José que Dios un día los sacaría a él y sus descendientes, sus tátara-tátara-nietos, y los llevaría

---

de regreso a su propia tierra en Canaán. Jacob entonces llamó a todos sus hijos y les dijo a cada uno lo que el futuro traería para ellos. Jacob les dijo a sus hijos dónde en Canaán quería ser enterrado. Luego murió. José se echó sobre su padre, llorando y besando su rostro. Ellos lloraron su muerte y luego llevaron su cuerpo a Canaán y lo sepultaron allí. Cuando terminaron, volvieron a Egipto.

Pero entonces, los hermanos de José dijeron: "Ahora que nuestro padre ha muerto, ¿qué si José todavía nos odia y piensa vengarse por todo el daño que le hicimos?" Así que enviaron un mensaje a José: "Antes de que nuestro padre muriera, nos dijo que te dijéramos: 'Por favor, perdona el crimen que tus hermanos cometieron cuando te traicionaron'. Ahora, por favor, perdona el mal que nosotros, los siervos del Dios de tu padre, hemos hecho". José lloró cuando recibió este mensaje. Luego, sus propios hermanos se inclinaron ante él y dijeron: "Aquí estamos ante ti como tus esclavos". Pero José les dijo: "¡No tengan miedo! No puedo ponerme en el lugar de Dios. Ustedes pensaron mal contra mí, mas Dios lo convirtió en bien. Lo hizo con el fin de preservar la vida de muchas personas que están vivas hoy en día por lo que pasó. No tienen nada que temer. Voy a cuidar de ustedes y de sus hijos", y se los aseguró con palabras amables que tocaron sus corazones.

José vivió hasta los 110 años. Cuando estaba a punto de morir, José hizo que sus hijos le prometieran que cuando muriera llevarían su cuerpo de vuelta a Canaán con ellos. 430 años más tarde, cuando Moisés sacó a los israelitas de la esclavitud en Egipto, recordaron la promesa que fue hecha a José, y se llevaron sus huesos con ellos a la libertad.

G. Versículo para memorizar

Libro Club sanar corazones, página 70

Juan 16:33 (TLA): Jesús dijo: *"Les digo estas cosas para que estén unidos a mí y así sean felices de verdad. Pero tengan valor: yo he vencido a los poderes que gobiernan este mundo"*.

H. Ceremonia de clausura

Los niños han trabajado mucho durante todo el programa. Ellos han compartido honestamente sobre las experiencias dolorosas de su vida, y aprendieron a dar y recibir aceptación. Reconozca su arduo trabajo con un certificado, un pequeño recuerdo del grupo, una Biblia o una parte de las Escrituras en un idioma apropiado.

Los padres y los tutores podrían ser invitados a la ceremonia de clausura. Si así fuera, pida a los niños que compartan con el grupo una cosa que ha sido importante para ellos: Algo que han aprendido, un área de su vida que Dios ha tocado, sus lamentos, un drama, versículos de la Biblia que memorizaron, o un canto.

PLANEAR UN MINISTERIO DE TRATAMIENTO DEL TRAUMA

El modelo de programa de "Sanar las heridas del corazón" ha sido desarrollado a través del tiempo con los aportes de comunidades de todo el mundo. ¿Cómo va a darle forma y contextualizar el tratamiento del trauma para su comunidad?

1. ¿Para qué etapa del programa modelo está listo?

Sesión de Información: Convocar a los principales líderes a una sesión de un día y darles suficiente exposición al tratamiento del trauma como para que puedan decidir si quieren integrarlo en su ministerio. Esto proporciona un ambiente de apoyo para programas del tratamiento del trauma. La primera sesión de información en un área debe abordar el tratamiento del trauma, tanto para adultos como para niños. Pero en algunos casos, se necesitará una sesión adicional de información para reunir a los líderes y las organizaciones que trabajan específicamente con los niños.

Sesión de capacitación: El objetivo es preparar a los facilitadores. Los participantes utilizan lo que aprenden en las sesiones iniciales al regresar a sus comunidades y vuelven para una sesión avanzada. Los facilitadores son capacitados para trabajar con los niños, por lo que los niños experimentan el sanar de sus heridas mientras los facilitadores se capacitan.

Grupo para sanar: El objetivo es ayudar a los niños con heridas del corazón a sanar, interactuar con las Escrituras y hacerse más resistentes.

Sesión especial de grupo para sanar: El objetivo es responder a necesidades específicas que puedan surgir. Puede ser una lección, un ejercicio o una parte de una lección. No existe el compromiso de hacer todas las lecciones, pero puede satisfacer una necesidad inmediata y estimular el interés en un grupo para sanar.

Comunidad de práctica: El objetivo es reunir a facilitadores, profesionales de salud mental, administradores y defensores de las organizaciones e iglesias que trabajan con sobrevivientes de traumas (adultos y niños) para la creación de redes, la colaboración, el desarrollo profesional, el estímulo y la oración. Esto genera el impulso para el tratamiento del trauma en un país o área.

2. ¿Sabe cómo llegar a ser un facilitador de tratamiento del traumas de niños?

Hay cuatro niveles de facilitadores en el tratamiento del trauma de niños:

- *Facilitador de grupos para sanar:* ayuda a los niños traumatizados.
- *Facilitador de capacitación:* además de lo anterior, capacita a otros.
- *Maestro facilitador en entrenamiento:* además de lo de arriba, es identificado por tener estas competencias, la experiencia y la educación que califica a la persona para ser entrenado como maestro facilitador.
- *Maestro facilitador:* además de lo anterior, certifica a los facilitadores y provee liderazgo para la comunidad de práctica.

Para llegar a ser facilitador del tratamiento del trauma de niños, los candidatos tienen que demostrar que son competentes en las siguientes áreas:

- Capaces de mantener su bienestar personal.
- Capaces de trabajar en equipo.
- Capaces de comprender el contenido del material.
- Capaces de ayudar a niños traumatizados (saber escuchar, saber guardar la confidencialidad, entre otras cosas).
- Capaces de dirigir grupos de una manera participativa.

El proceso usual para la adquisición de estas aptitudes es el siguiente:

- Asistir a una sesión de capacitación inicial.
- Aplicar lo que han aprendido en sus comunidades durante una práctica de nueve a doce meses.
- Asistir a una sesión de capacitación avanzada.

Un procedimiento alternativo para obtener estas capacitaciones es ser un aprendiz con un facilitador experimentado.

3. ¿Qué materiales están disponibles para el tratamiento de niños con trauma?

Son cuatro recursos primarios que apoyan este programa de estudios:

- *Sanar las heridas del corazón de los niños* Libro del facilitador
- *Club sanar corazones, Historias y actividades* para niños
- Materiales de entrenamiento y grupo de sanar para descargar de traumahealinginstitute.org
- Instituto *Trauma Healing* base de datos

TRATAMIENTO DEL TRAUMA DE NIÑOS: SESIONES DE CAPACITACIÓN PARA EL FACILITADOR

El entrenamiento de facilitadores siempre tiene dos partes: una orientación de tres días en el aula, seguida por una experiencia de práctica de cinco días durante la cual los facilitadores dirigen grupos pequeños de niños en un campamento del Club sanar corazones. El número ideal de personas para entrenar en cada sesión de capacitación es veinte personas. Es importante mantener el porcentaje de adultos por niños en el campamento a fin de que haya un adulto por cada tres niños; así, cuando tengamos veinte facilitadores, podemos servir a un máximo de sesenta niños en el campamento.

Personas involucradas

Los aprendices.

Hasta veinte personas pueden ser capacitadas como facilitadores de tratamiento del traumas de niños en una sesión. Ellos deben satisfacer los siguientes requisitos:

- Deben ser reconocidos por una iglesia, denominación u organización como cristianos maduros.
- Deben estar interesados y tener experiencia en los ministerios de niños.
- Deben hablar el idioma que se utilizará en la sesión de capacitación.
- Deben ser capaces de completar la capacitación y llevar a cabo el ministerio en su comunidad.
- No deben tener antecedentes penales.

Cada solicitante tiene que llenar el formulario de información de aprendiz, ya sea como parte de su proceso de registro o a su llegada (página 122).

Se recomienda encarecidamente que los aprendices completen una sesión de capacitación inicial para el plan de estudios de tratamiento del

---

trauma de adultos, «Sanar las heridas del corazón», antes de que se inscriban en el entrenamiento para el tratamiento del trauma de los niños.

Personal.

Las sesiones que capacitan para el tratamiento del trauma requieren un anfitrión, un facilitador principal y un equipo de trabajo. Una persona puede realizar más de una función. Ambos sexos deben estar representados.

Durante todo el período de sesiones:

1. Facilitador principal (un maestro facilitador o un facilitador de capacitaciones). Esta persona no tendrá tiempo para dirigir un pequeño grupo de niños.
2. Anfitrión de logística.
3. Asistentes de los facilitadores: al menos uno, pero aproveche la oportunidad de enseñar a varios, dándoles algunas responsabilidades.
4. Persona encargada de comunicaciones: toma fotos y obtiene historias.

Para el campamento de niños:

5. Dos aprendices de facilitador por cada seis a diez niños.
6. Líder de adoración para los niños.
7. Organizador de juegos: organiza juegos y escoge algunos participantes de capacitación para ayudar en los juegos con los niños durante los recesos en forma rotativa.
8. Enfermera o personal médico, y si es posible, un consejero de salud mental.
9. Niñeros y niñeras: son el personal encargado de supervisar los niños en los descansos. Si el programa se hace como un campamento de una semana, ellos son los encargados de cuidarlos en las tardes y las noches.

Responsabilidades del facilitador principal

1. Negocia con la organización anfitriona respecto a comidas y recesos, sesiones de apertura y de clausura, y las sesiones con los padres o tutores.

2. Trabaja con el anfitrión en la publicidad y con las organizaciones o iglesias que envían a los niños. Se asegura de que los socios importantes conozcan las oportunidades de capacitación.
3. Se asegura de que la organización anfitriona tiene los materiales necesarios.
4. Prepara el calendario y asigna responsabilidades al personal.
5. Divide a los niños en grupos de seis, según la edad, y asigna dos aprendices de facilitador a cada grupo. Los niños más grandes se dividen en grupos de acuerdo al sexo.
6. Capacita a los aprendices de facilitador, les recuerda que envíen sus informes, les da consejos y ánimo, y los certifica como facilitadores de capacitación o facilitadores de grupos para sanar, según su caso.
7. Dirige las reuniones del personal. Señala los problemas y busca soluciones.
8. Orienta a la persona anfitriona de la organización en la capacitación y proceso de enviar los informes para que puedan continuar enviando la información cuando se haya completado la fase de capacitación.
9. Ingresa los informes en la base de datos del Instituto *Trauma Healing* o los envía por correo electrónico a traumahealing@americanbible.org.

Responsabilidades del anfitrión

1. **Presupuesto:** Prepara un presupuesto detallado para el período de sesiones. Recoge los recibos de todos los pagos, paga todas las facturas y presenta informes financieros a la persona apropiada.
2. **Establece las fechas y ubicaciones:** Identifica una instalación para albergar al grupo y reserva las fechas. Se necesita un salón grande con mesas para las reuniones durante toda la sesión. Además, cada grupo necesita un espacio de encuentro, que podrían ser cuartos pequeños, refugios al aire libre o secciones de la sala de reunión principal. Los niños pueden dormir en grandes dormitorios compartidos, pero el personal necesita un alojamiento apropiado. La alimentación incluye comidas y meriendas.
3. **Invitaciones:** Prepara un folleto que ofrece información básica: cuándo, dónde, qué, las especificaciones de los solicitantes, la organización anfitriona, lenguajes utilizados, cuota de inscripción, fecha límite de inscripción, información de contacto y formulario

de inscripción (véanse ejemplos en traumahealinginstitute.org). Conseguir las personas adecuadas para participar en la capacitación es muy importante y requiere esfuerzo. Contactar organizaciones e iglesias que trabajan con niños para identificar tanto los participantes como los niños que pueden participar. En algunos casos, es necesario enviar cartas oficiales de invitación para visas.

4. **Transporte:** Trabaja con los participantes, los niños y el personal para organizar su transportación.

5. **Niñeros y niñeras:** Si es un campamento residencial, contrata niñeros para cuidar a los niños por la tarde y por la noche. Lo mejor es tener hombres y mujeres. Ellos deben ser elegidos cuidadosamente y recomendados por sus iglesias.

6. **Materiales:** Trabaja con el director del curso para obtener los materiales recomendados en el Apéndice 1. Los artículos esenciales están marcados con un asterisco (*). Está disponible para hacer las fotocopias que se necesiten durante el período de sesiones.

7. **Bienvenida y ceremonia de clausura:** Se encarga de la sesión de apertura para el programa infantil con un altavoz adecuado. Esto debe ser breve (treinta minutos en la mañana del lunes). Para la ceremonia de clausura, invita a líderes de las iglesias y de la comunidad para que vengan a escuchar lo que los niños han aprendido. Esto puede servir para difundir de buena manera información sobre el programa.

8. **Día con los padres y tutores:** Organiza una sesión de "Sanar las heridas del corazón" de un día para los padres y tutores. Esto suele hacerse el último día, terminando con la ceremonia de clausura y los padres y tutores llevándose a sus niños a casa.

9. **Sesión de capacitación avanzada:** Organiza una sesión de capacitación avanzada para los aprendices de facilitador de un período de tres días, nueve a doce meses después de la sesión de capacitación inicial.

10. **Comunidad de práctica:** Después de la fase de capacitación, conecta a los facilitadores capacitados y activos en el ministerio para una comunidad de práctica en su área. Esto incluye a aquellos involucrados en el tratamiento del trauma de niños y de adultos.

Programa y horarios

Capacitación inicial

Para la capacitación inicial, los aprendices de facilitador llegan tres días antes que los niños, con el fin de trabajar a través de los conceptos básicos de *Sanar las heridas del corazón*, aprender cómo ayudar a los niños traumatizados y preparar sus lecciones. Trabajan a través de cada lección, la práctica de los ejercicios y juegos y la preparación de manualidades.

Capacitación inicial día uno

8:30–9:00	Bienvenida/Adoración/Introducción
9:00–9:30	Crear equipos de facilitadores • Juntar a los participantes por región • Asignar números a los equipos • Distribuir las cajas de materiales • Volver a arreglar los asientos
9:30–10:00	Panorama del tratamiento del trauma • Tres principios del bienestar • Diagrama de la experiencia del Club sanar corazones
10:00–10:30	Lección 1: Soy importante para Dios (Parte 1) • Autoestima • Crear un ambiente que apoye
10:30–10:45	**Descanso**
10:45–11:00	Lección 1: Soy importante para Dios (Parte 2) • Hacer el cubo
11:00–12:00	Cómo ayudar a los niños traumatizados • Fisiología del cerebro • Los efectos físicos/emocionales/de conducta del trauma • Metáfora de isla/iceberg/hipopótamo: comportamiento y emociones
12:00–1:00	**Almuerzo**
1:00–2:00	Lección 2: ¿Por qué suceden cosas malas? • Hacer una flor • Cuadro de los sentimientos
2:00–2:30	Detalles del Campamento del Club sanar corazones • Cantidad de niños/grupos pequeños • Horario, tiempo de jugar • Ceremonia de clausura

Capacitación inicial día uno

2:30–2:45	Descanso
2:45–4:00	Lección 3: Decir cómo nos sentimos • Dibujo de cuerpo • Escribir lamentos
Tarea	Documento de información para aprendices

Capacitación inicial día dos

8:30–9:00	Adoración/Devocional
9:00–9:45	Lección 4: Sintiéndose solo • Ejercicio de dibujar • Tres preguntas para escuchar • Ejercicio de conexión
9:45–10:30	Lección 5: Construir bien nuestra vida • Ladrillos • Caminata de confianza
10:30–10:45	Descanso
10:45–11:30	Lección 6: La pérdida y el duelo • Pueblos de duelo • Hacer señas
11:30–12:00	Introducción para practicar la facilitación • ¿Por qué? /¿Cómo? • Equipos de dos personas • Dividir en dos grupos • Registrarse en el cuadro
12:00–1:00	Almuerzo
1:00–1:45	Lección 7: Decir no al toque inapropiado • Lección de valores • Dibujo de muñeca/cuerpo
1:45–2:30	Lección 8: Llevar nuestro dolor a la cruz • Ejercicio de dibujar sobre la vida • Ceremonia
2:30–2:45	Descanso

Capacitación inicial día dos

2:45–3:30	Lección 9: Puedo perdonar • Parodia de la cuerda • Ceremonia del perdón
3:30–4:00	Práctica de facilitación • Cada facilitador dirige un grupo • Dos equipos, 15 minutos cada uno
Tarea	Formulario de comentarios de entrenamiento

Capacitación inicial día tres

8:30–9:00	Adoración/Devocional
9:00–9:45	Lección 10: Reconstruir vidas • Conectarse a Dios y el uno al otro • Técnicas para regular las emociones • Repasar los versículos de memoria • Dibujar el futuro
9:45–10:30	Practicar la facilitación • Tres equipos, 15 minutos cada uno
10:30–10:45	Descanso
10:45–12:00	Cómo comenzar un grupo de sanar • Consideraciones • Escribir/compartir el plan de acción • Ejercicio de informar
12:00–1:00	Almuerzo
1:00–1:35	Examen por escrito/respuestas
1:35–2:30	Resumen • Repaso del programa del Instituto *Trauma Healing* • Niveles de certificado • Cómo usar el libro • Chequeo de las cajas del equipo
2:30–2:45	Descanso
2:45–3:15	Preguntas y respuestas
3:15–4:00	Clausura • Certificados* • Fotos

* Muchas personas optan por presentar los certificados a los facilitadores al final del campamento de los niños para que los niños y adultos puedan celebrar juntos.

Capacitación avanzada

Una sesión de capacitación avanzada para el programa de tratamiento del trauma para niños es dirigida por un maestro facilitador certificado. La sesión avanzada generalmente sigue un horario similar a la sesión inicial (tres o cuatro días de repaso más un campamento de cinco días con nuevos niños). Esta sesión permite que los facilitadores aprendices calificados informen sobre su práctica, reciban comentarios, pulan sus habilidades, aprendan nuevo material y preparen sus planes de ministerio. Al final de la sesión avanzada, los participantes que tengan la competencias necesarias serán certificados como facilitadores de grupos para sanar o facilitadores de entrenamiento.

Para tener derecho a asistir a la sesión de capacitación avanzada, los facilitadores deben:

- Enseñar las lecciones, al menos una vez a un grupo de tres a siete niños.
- Enviar un informe de un grupo para sanar sobre sus períodos de sesiones a su entrenador, mentor o jefe de área, o a traumahealing@americanbible.org. (Los archivos electrónicos de los formularios de informes están disponibles en traumahealinginstitute.org).
- Proveer información de aprendiz a cualquier persona que se está capacitando como facilitador.

Capacitación avanzada día uno

8:00–8:30	Bienvenida/Adoración
8:30–9:00	Introducción
9:00–9:30	Equipos
9:30–10:00	Orientación de entrenamiento avanzado • Por qué el entrenamiento avanzado • Repaso de la certificación de ITH—ámbito de responsabilidades • Detalles del campamento del Club sanar corazones

Capacitación avanzada día uno

10:00–10:15	Descanso
10:15–11:15	Resumen del tratamiento del trauma—discusión/repaso/ panorama general • Principios del bienestar—¿Qué es lo que nos hace sentir bien? • Experiencias infantiles adversas (EIA)—los efectos de largo plazo del trauma de la niñez • La experiencia de tratamiento del trauma para niños—¿Cuál es la su esperanza para los niños que vienen al campamento?
11:15–12:00	Escoger las lecciones para facilitar • Practicar la facilitación para cada persona • Escoger del cuadro y escribir los nombres de los equipos • No duplicaciones
12:00–1:00	Almuerzo
1:00–2:00	Informes del campo: Éxitos/desafíos • Informes/testimonios/formularios de informes entregados
2:00–2:30	Tema avanzado: Incentivar la autoestima • Discusión: Incentivar el sentido de la autoestima de los niños • Sentido de autoidentificación • Sentido de pertenencia • Buscar una manera de contribuir
2:30–2:45	Descanso
2:45–3:45	Repaso de la lección 1 (Soy importante para Dios) • Hacer el cubo
3:45–4:00	Preguntas y repuestas

Capacitación avanzada día dos

8:00–8:30	Adoración/Devocional
8:30–9:30	Repaso de la lección 2 (¿Por qué suceden cosas malas?) • Heridas del corazón/heridas físicas • Enseñar versículos de memoria • Lección de la flor
9:30–10:00	Dibujo del cuerpo
10:00–10:15	Descanso

Capacitación avanzada día dos

10:15–11:15	Repaso de la lección 3 (Decir cómo nos sentimos) • Las sensaciones de nuestro cuerpo • Los lamentos • Guardar nuestros sentimientos dentro (botellas/globos) • Actividad de los sentimientos de José
11:15–11:45	Tema avanzado: Trabajar con adolescentes • Discusión: Comparar trabajar con adolescentes vs. niños • La importancia de hacer preguntas • La importancia de los semejantes • TH programa de estudios/adaptaciones para adolescentes
11:45–12:00	Preguntas y respuestas
12:00–1:00	**Almuerzo**
1:00–2:00	Repaso de la lección 4 (Sintiéndose solo) • Buenos recuerdos y personas importantes/Actividad de estar conectados • Dibujar memorias dolorosas • Escuchar—Tres preguntas
2:00–2:30	Tema avanzado: Perfil de un buen facilitador de niños • Discusión: Características de un buen facilitador • El carácter importa • Experiencia con niños • Acogedor/abierto • Comprender personalidades • **Participativo** (hacer que otros participen en el aprendizaje) • Manejar respuestas
2:30–2:45	**Descanso**
2:45–3:30	Repaso de la lección 5 (Construir bien nuestra vida) • Sueños para el futuro • Construir lazos fuertes • Caminata de confianza
3:30–4:00	Tema avanzado: El niño afligido • Discusión: Cómo los niños muestran la pena • Temperamentos • La respuesta de los adultos • Cómo apoyar
4:00–4:15	**Descanso**

Capacitación avanzada día dos

4:15–4:45	Repaso de la lección 6 (La pérdida y el duelo) • Camino del duelo • Serpientes y escaleras
4:45–5:15	Repaso de la lección 7 (Decir no al toque inapropiado) • Discusión: Cómo los niños muestran signos del abuso sexual • Ejercicio del dinero • Decir no (con dibujo de una muñeca o un cuerpo)
5:15–5:45	Facilitador de cuidado o entrenamiento • Proceso • Competencias • Entrevistas individuales durante los días de campamento

Capacitación avanzada día tres

8:00–8:30	Adoración/Llevar nuestro dolor a la cruz
8:30–9:00	Repaso de la lección 8 (Llevar nuestro dolor a la cruz) • Lección del evangelio para niños
9:00–10:00	Repaso de la lección 9 (Puedo perdonar) • Dejar ir • ¿Quién sufre?
10:00–10:15	**Descanso**
10:15–10:45	Repaso de la lección 10 (Reconstruir vidas) • Construir un muro fuerte • Usar versículos de memoria
10:45–11:15	Tema avanzado: Técnicas para la regulación emocional • Discusión: Flexibilidad y regulación emocional • Respirar (chocolate caliente) • Relajación • Tratar con temor/ansiedad
11:15–12:00	Dar informes • Chequeo del perfil personal de la base de datos • Instrucción de la base de datos (si se aplica) • Someter informes
12:00–1:00	**Almuerzo**

1:00–2:30	Tema avanzado: Dirigir grupos para sanar/sesiones de capacitación • Planear/aprobar • Consideraciones para programar • Las personas correctas: examinar asistentes/aprendices • Costos y materiales • La dinámica de grupo
2:30–2:45	**Descanso**
2:45–3:20	Examen por escrito • 20 minutos para el examen/10 minutos para las respuestas
3:20–4:00	Planes de acción • Escribir/Compartir
4:00–4:30	Repasar los materiales para las cajas del grupo
4:30–5:00	Clausura • Preguntas y respuestas • Certificados*

* Muchas personas optan por presentar los certificados a los facilitadores al final del campamento de los niños para que los niños y adultos puedan celebrar juntos.

Plan de acción

En las sesiones de capacitación, los facilitadores planearán cómo usarán lo que han aprendido y lo compartirán con el grupo.

- Cuándo
- Dónde
- Para quién
- Número de niños que espera tener
- Facilitadores
- Aprendices (si los hay)
- Tiempo y duración de las reuniones
- Idiomas utilizados

Informar sobre sus actividades

Durante todo el proceso de capacitación, los participantes informarán de sus actividades al líder de la sesión o al coordinador de tratamiento de trauma en su área. Las instrucciones específicas se darán durante la sesión de capacitación.

Los formularios de informes para cada tipo de actividad de tratamiento del trauma se encuentran en el *Paquete de recursos para facilitadores del Club sanar corazones* (disponible en línea en traumahealinginstitute.org).

Para las sesiones de capacitación de facilitadores de niños, complete el informe de la sesión para capacitación de aprendices de facilitador, el informe del grupo para sanar de los niños que han asistido, y el informe de la sesión especial de grupo para sanar si los padres y tutores asistieron el último día para una breve sesión de enseñanza.

Resuma cualquier cosa que sea significativa de los formularios de comentarios del aprendiz en la sección de "logros y desafíos" del informe de la sesión.

Si está capacitando a los facilitadores, incluya la información sobre prácticas para cada persona de su informe. (Puede escanear los formularios y enviarlos o descargar la hoja de la información en línea del *Paquete de recursos para facilitadores del Club sanar corazones* y llenar la información).

Durante una sesión de capacitación, haga una lista de contactos de los participantes. Si usa una tabla de datos, puede generar la lista seleccionando las columnas correspondientes. Imprima la lista de contactos durante la sesión para que las personas puedan comprobar su información. Introduzca las correcciones antes de hacer copias.

Haga el ejercicio de Informe del grupo para sanar (página 123).

Asesoramiento y retroalimentación de los aprendices

El personal de capacitación evalúa a los participantes usando varios criterios.

1. **La capacidad para trabajar en equipo.** Observar la participación en las sesiones, la capacidad para trabajar en grupo y la forma de relacionarse con los demás.
2. **El bienestar personal.**
3. **La capacidad para ayudar a los niños que han experimentado un evento traumático.** Observar si los niños se sienten seguros con el aprendiz, si se sienten escuchados y si se respeta la confidencialidad.
4. **El aprendizaje participativo.** Observar a los participantes cómo enseñan y proporcionan orientación. Al final de la sesión, seleccionar la categoría que mejor se ajuste a cada participante.

- *Muy bien* (10–9 puntos): Comunica el material clara y precisamente. Organiza la participación del grupo muy bien. Puede responder muy bien a las preguntas. Se relaciona muy bien con los niños. Una experiencia de aprendizaje agradable.
- *Bien* (8–7 puntos): Comunica el material de forma clara y con precisión. La participación del grupo está bien organizada. Se relaciona bien con los niños. Puede responder bien a las preguntas.
- *Aceptable* (6–5 puntos): Comunica el material con precisión. Alguna participación del grupo. La presentación o la participación del grupo no siempre está bien planeada o clara. Puede tener alguna dificultad en responder a las preguntas.
- *Regular* (4–3 puntos): Predica o da conferencias con muy poca o ninguna participación del grupo, o la presentación es confusa o imprecisa. No responde de manera satisfactoria a las preguntas.
- *Muy regular* (2–1 puntos): Incapaz de comunicarse con el grupo, de adaptarse o de relacionarse con los niños.

5. **El dominio del contenido.** Calificar el examen como se indica en la clave. Califique de la siguiente manera:

• 30 – 28 puntos	= 5		• 16 – 12 puntos	= 2
• 27 – 23 puntos	= 4		• 11 – 6 puntos	= 1
• 22 – 17 puntos	= 3		• 5 puntos o menos	= 0

Anote estos resultados en la hoja de información del participante. Promedie los resultados para obtener la puntuación final de cada participante. Calcule visualmente el resultado y vuelva a comprobar para evitar sorpresas. Luego, al final de la sesión inicial de capacitación, clasifique a cada participante en las siguientes categorías:

- Mucho potencial: Puede progresar rápidamente
- Potencial: Puede progresar, pero puede tomarle tiempo
- No se recomienda: Encaminarlo hacia otro ministerio

La mayoría de los participantes estarán en la categoría intermedia, pero algunos pueden sobresalir como de mucho potencial. En algunos casos, hay quienes no parecen estar dispuestos a seguir un ministerio de tratamiento del trauma, por lo menos en este momento.

Pida a un miembro del personal que se reúna con cada aprendiz de facilitador para darles sugerencias personales. Si hay áreas que necesitan mejorar, discutan las maneras en que la persona puede hacerlo. Hagan esto con cuidado y en oración. El objetivo es ser capaces de ayudar a las personas traumatizadas de una manera que no cause ningún daño. Permita tiempo suficiente para discutir con aquellos que necesitan trabajar en ciertas áreas. Esto es extremadamente difícil, pero es necesario para el bien de todos.

Al final de la sesión de capacitación inicial, prepare y entregue los certificados:

- Un certificado de aprendiz de facilitador para todos los recomendados para continuar en el proceso de capacitación.
- Un certificado de participación para aquellos que no se recomiendan para continuar en el proceso.

Al final de la sesión de capacitación avanzada, los aprendices y los líderes de sesión juntos decidirán el certificado más apropiado para cada aprendiz. Aquellos que tienen las competencias necesarias son certificados como facilitadores de grupos de sanar o facilitadores de capacitación. En casos excepcionales, los participantes que demuestran una gran competencia pueden ser certificado como maestro facilitador en entrenamiento.

Los certificados se pueden descargar en: traumahealinginstitute.org como archivos PDF. Inserte el nombre del participante y otros detalles. A continuación, imprima o guarde un nuevo PDF y distribúyalo electrónicamente. Si no puede usar o imprimir un formulario PDF, fotocopie uno de los certificados del *Paquete de recursos del facilitador* y llene los espacios en blanco a mano.

Horario del campamento

Si va a tener un campamento residencial de Club sanar corazones por cinco días, es preferible que los niños lleguen el domingo por la tarde para acomodarse antes que las clases empiecen el lunes por la mañana. Inicie cada día del campamento reuniendo a todos los niños para un tiempo devocional antes de que se dividan en grupos pequeños.

La parte A de cada lección comienza con una historia de vida actual. La parte B comienza con una historia de la Biblia. En la lección 2, sin embargo, el orden se invierte y la historia de la Biblia va primero.

Sesión	Lunes	Martes	Miércoles	Jueves	Viernes
8h	Bienvenida y dividir a los niños en grupos pequeños	Devocional en un grupo grande			
8:30	**1** L1a	L3a	L5a	L7a	L9a
10:00	Merienda y juegos				
11:00	**2** L1b	L3b	L5b	L7b	L9b
12:00	Juegos y comida				
1:30	**3** L2a	L4a	L6a	L8a	L10a & b
3:00	Merienda y juegos				
3:30	**4** L2b	L4b	L6b	L8b	Ceremonia de clausura
4:30	Hora de jugar para los niños / reunión de personal				
18h	Cena				
19h	Videos de diversión u otras actividades recreativas para los niños				

La mayoría de las lecciones se realizan en grupos pequeños, pero puede ser que usted desee que las historias de la Biblia sean contadas en el grupo grande algunos días, o con dos o tres de los grupos pequeños juntos.

Agenda de la reunión diaria del personal

1. Revisen lo que ha sucedido ese día y resuelvan los problemas que han surgido.
2. Averigüen si hay niños con necesidades específicas.
3. Asegúrense de que todos están preparados para el día siguiente.

Día de los padres

- Celebrar una sesión de exposición de tratamiento del trauma para los padres y tutores el viernes. Esto pueden hacerlo dos de los facilitadores. Ofrezcan el almuerzo a los padres y tutores, si es posible. Terminen el día con la celebración de clausura.

APÉNDICE 1: MATERIALES

Esta lista de materiales se basa en la capacitación de veinte facilitadores y el servicio de sesenta niños en el campamento. Si tiene menos facilitadores y niños, ajuste las cantidades en consecuencia

Para el entrenamiento de facilitadores (20 personas)

- 20 copias de *Sanar las heridas del corazón de los niños*
- 20 copias de *Libro Club sanar corazones: Historias y actividades*
- 20 etiquetas para nombres
- 20 cuadernos, 100 hojas cada uno
- 20 plumas (bolígrafos)
- 20 carpetas de archivos (o algo para que los aprendices puedan guardar los papeles)
- 10 cajas vacías de cartón de tamaño mediano (para cada equipo de grupo pequeño para guardar los materiales que se usan para enseñar a los niños la siguiente semana)
- 4 juegos de marcadores de colores
- 10 tijeras para el uso adulto
- 4 rollos de cinta adhesiva
- Engrapadora
- 10 marcadores negros permanentes
- 10 sujetapapeles
- 1 resma de papel de impresora en blanco
- 1 resma de cartulina fina
- 10 hojas de papel grande de rotafolio
- 10 cajas de pañuelo de papel
- 60 palitos de madera (depresores de lengua)
- Una cuerda larga y gruesa o un pedazo de tela
- 8 muñecas pequeñas u osos de peluche
- Una cruz de madera simple, de tamaño mediano (encontrarla o hacerla con martillo y clavos)

Para el aula

- 5 mesas pequeñas que pueden acomodar a 4 personas en cada mesa —**o** una pizarra con tiza o una pizarra blanca con marcadores no-permanentes
- Rotafolio tipo conferencia con caballete y marcadores permanentes
- Proyector y pantalla (consultar con entrenador de antemano)
- Computadora con acceso a Internet
- Impresora o acceso a una impresora

Bajar e imprimir estos documentos

Ir a traumahealinginstitute.org. Usar el login del facilitador y buscar la página "Facilitators' Home".

Hacer click en «Children and Teens» para estos documentos:
- Caras de sentimientos (10 copias, o lamine por separado; véase la página 101)
- Sensaciones en nuestro cuerpo (10 copias en papel grande—A3 o tabloide)
- Hacer un cubo (20 copias en cartulina)
- Tabla del juego de Serpientes y escaleras (10 copias en cartulina grande—A3 o tabloide)
- Ilustración de flor (60 copias)
- Hojas para colorear personajes de la historia (60 copias)
- Informe para Grupo para sanar de los niños (20 copias)
- Informe para la sesión de capacitación (si es el entrenamiento avanzado)
- Examen por escrito (20 copias)
- Respuestas para el examen por escrito (1 copia)
- Diagrama de la experiencia (20 copias)
- Plan de acción (20 copias)
- Formulario de consentimiento para la sesión del Sanar las heridas del corazón de los niños (1 por niño)
- Certificado de participación para niños (1 por niño, impreso en cartulina)

Hacer click en «Adult Classic» para estos documentos:
- Formulario de comentarios de los aprendices (20 copias)
- Formulario de información para los aprendices (20 copies)
- Certificados para adultos (Estos no se pueden imprimir hasta que se sepa qué certificado irá a cada aprendiz, hacia el final de la sesión de capacitación.)

Para el campamento de los niños (60 niños, 10 grupos de 6)

- 60 copias de *Libro Club sanar corazones: Historias y actividades*
- 60 bolsas grandes o carteras suficientemente grande para guardar todos sus materiales
- 60 etiquetas para nombres (con cuerda o con clip)
- 60 juegos de marcadores de colores
- 60 vendajes para los ojos—se los pueden hacer de tiras de tela
- 60 lápices afilados con borrador
- 60 plumas (bolígrafos)
- 10 tijeras para uso adulto (además de las 10 tijeras compradas para el entrenamiento—véase arriba)
- 30 tubos de pegamento
- 10 dados grandes
- 60 botones pequeños (10 de seis diferentes colores, para hacerse con piezas para el juego)
- 360 piezas de papel de seda de colores (6 piezas por niño) y 60 verdes limpiadores de tuberías —o 360 pañuelos de papel (6 pañuelos por niño) y 60 pinzas para tender ropa tipo resorte
- 10 rollos de cinta de enmascarar
- 10 pequeños afiladores de lápices *(asegurarse que sean de buena calidad)*
- 10 pelotas (pueden ser cualquier tipo de pelota para jugar)
- 10 almohadillas de tinta pequeñas
- 10 sobres pequeños
- 60 botellas de agua vacías con tapas y 10 baldes para agua o 80 globos pequeños y 10 pilas para agua
- 20 hojas de papel de construcción de colores
- 10 cuerdas larga y gruesas
- 10 cruces pequeñas (posiblemente hechas de palitos atados juntos)
- 10 encendedores o pequeñas cajas de fósforos
- 80 hojas de papel blanco
- 10 hojas de papel grande de rotafolio

Para uso general

- Botiquín de primeros auxilios
- Pelotas para jugar
- Hulas y conos
- Silbatos/campanas/gongs
- Cuerda de salto
- Bolsillos para basura

Hacer un cubo

Instrucciones:

1. Haga una versión más grande del siguiente diseño en un pedazo de papel grueso o en cartón.
2. Corte a lo largo de los bordes y luego decore.
3. A cada lado del cubo escriba una simple pregunta sobre "conociéndonos". Por ejemplo: ¿Cómo te llamas? ¿Cuál es tu comida favorita? ¿En qué grado estás en la escuela? ¿Cuál es tu materia favorita? ¿Qué juegos te gusta realizar? ¿Con quién vives?
4. Doble a lo largo de las líneas hacia dentro y forme un cubo.
5. Pegue las tapas en su lugar.

(Este diseño también se encuentra en *Paquete de recursos del facilitador del Club sanar corazones*)

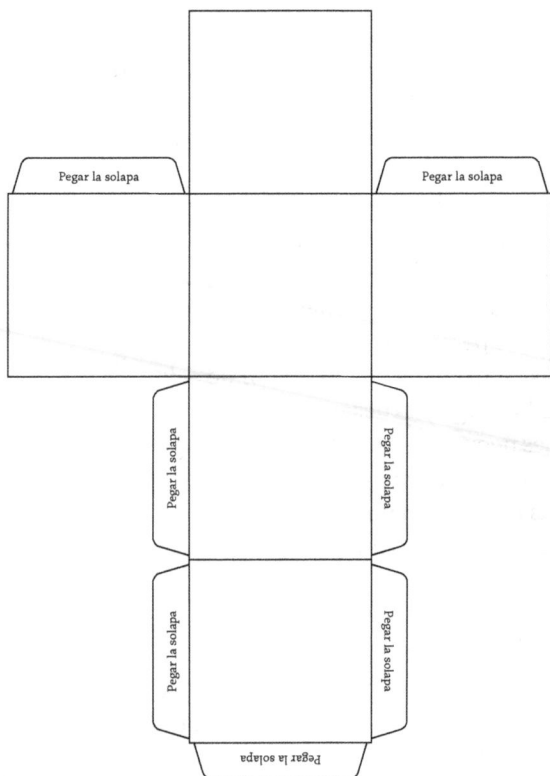

Apéndice 1: Materiales

Caras de Sentimientos

Estas caras modelan las emociones de alguien que se siente alegre, triste, enojado, con miedo/sorprendido, avergonzado, y confundido/temeroso. Imprima una versión sin nombrar las emociones para usar con los niños. Estas caras se pueden descargar en el *Paquete de recursos para el facilitador del Club sanar corazones*.

También usted puede imprimir cada cara por separado en una hoja de papel pesado. Lamine cada hoja, recorte la cara y adhiérala a un depresor de lengua o un palito para usar en muchas de las lecciones cuando sea apropiado.

Sensaciones en nuestro cuerpo

1. Doble una hoja grande de rotafolio por la mitad a lo largo, y luego en tercios.
2. Dibuje el cuerpo de abajo en su papel, usando este modelo como guía.

(Este modelo está disponible en *Paquete de recursos del facilitador*).

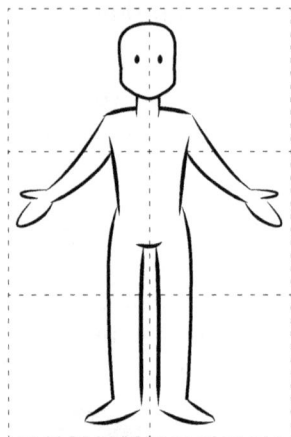

Serpientes y escaleras

Este juego también es conocido como "Toboganes y escaleras". Utilice esta página como guía para hacer una versión más grande del tablero del juego Serpientes y escaleras. Pida que cada niño haga su ficha de cartulina (para moverse por el tablero). (Este modelo está disponible en *Paquete de recursos del facilitador del club sanar corazones*).

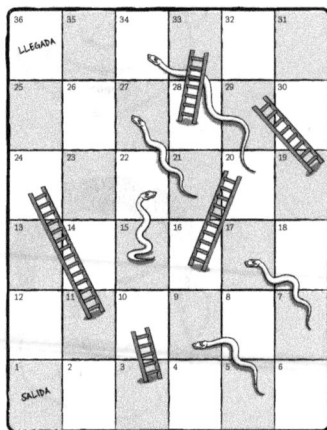

APÉNDICE 2: CÓMO TRABAJAR CON NIÑOS MENORES

Los materiales han sido diseñados para su uso con niños de 9 a 13 años. El apéndice 2 provee ideas sobre cómo ajustarlos para el uso con niños más pequeños.

Ideas para que los niños más pequeños aprendan los versículos de memoria

- Escoja una traducción sencilla de la Biblia en un lenguaje que los niños puedan entender. Si ellos no entienden las palabras, es poco probable que las recuerden.
- Acorte los versículos, si es necesario.
- Deles acciones que hagan énfasis en las palabras importantes.
- Rebote una pelota entre ellos, haciendo que repitan el versículo el uno al otro, al pasar la pelota.
- Ponga ritmo al versículo y haga que toquen un tambor, o aplaudan al ritmo de las palabras.
- Tome tiempo para adaptar una melodía a las palabras. Ellos recordarán más si cantan los versículos.

Lección 1 D

Los niños más pequeños, quizás necesiten que usted describa algo que le gusta, con el fin de entender el concepto de "Deleite". Por ejemplo, usted podría decir: "Cuando yo era niña me dieron una muñeca. Pensaba que era una maravilla y la llevaba conmigo a todas partes. Hablaba con ella y le contaba mis secretos. Era realmente especial. Me 'deleitaba' en ella".

Lección 2 F

Hablar de una herida del corazón es como hablar de una herida en su cuerpo. Haga tres letreros: "cuerpo", "corazón", y "cuerpo y corazón", póngalos separados en una habitación o en tres árboles. Elija al azar una de las declaraciones en la tabla de abajo y pida a los niños que digan si se aplica a una herida del cuerpo, a una herida del corazón o a ambas, y luego vaya al letrero correspondiente. La enseñanza puede darse poco a poco mientras el juego progresa.

Herida física	Herida del corazón
Es visible.	Es invisible, pero se ve en el comportamiento de la persona.
Es dolorosa, y debe ser tratada con cuidado.	Es dolorosa, y debe ser tratada con cuidado.
Si se ignora, es probable que empeore.	Si se ignora, es probable que empeore.
Se debe limpiar para eliminar cualquier objeto extraño o suciedad.	El dolor tiene que salir. Si hay algún pecado, hay que confesarlo.
Si una herida se cura en la superficie con la infección todavía dentro, hará que la persona se enferme.	Si la gente pretende que sus heridas emocionales están curadas cuando en realidad no lo están, hará que la persona tenga más problemas.
Solo Dios puede sanar, pero para hacerlo utiliza a menudo a la gente y la medicina.	Solo Dios puede sanar, pero para hacerlo utiliza a menudo a la gente y una comprensión de cómo nuestras emociones se curan.
Si no se trata, atrae a las moscas.	Si no se tratan, atrae cosas malas.
Necesita tiempo para sanar.	Necesita tiempo para sanar.
Una herida curada puede dejar una cicatriz.	Una herida de corazón sanada también puede dejar una cicatriz. Las personas pueden ser sanadas, pero no van a ser exactamente las mismas que antes de la herida.

Lección 6 B

Para explicar el camino del duelo (aflicción), ponga carteles en la pared. Escoja a una niña para representar a Rosa. Explique que la tía de Rosa ha muerto y que vamos a pensar cómo se puede sentir ella. A continuación, "Rosa" se coloca bajo el primer cartel y los facilitadores hablan del texto en el libro bajo la Aldea 1. Luego mueven a "Rosa" a la siguiente señal y así sucesivamente. Cuando los niños han captado la idea que esto es cómo se sienten las personas cuando han perdido a alguien o algo importante, entonces se puede introducir la idea de un viaje entre las aldeas.

Otra opción: coloque tres sillas en una fila al frente del grupo. Adhiera los rótulos al frente de cada silla para que se las puedan ver fácilmente. Siéntese en cada silla y represente las emociones de la Aldea 1, la Aldea 2, y la Aldea 3. Sea dramático, pasando de una silla a otra al cambiar sus emociones. Cuando termine, invite a los niños que pasen de silla a silla mientras representan las emociones del dolor.

Lección 7 C

Con la melodía de "Aquí vamos alrededor del arbusto de la mora" o de "El Puente de Londres se está cayendo". Use la siguiente letra y señale sus partes íntimas mientras canta:

"Estas son mis partes privadas, mis partes privadas, mis partes privadas, Estas son mis partes privadas y nadie debe tocarlas".

APÉNDICE 3: CÓMO TRABAJAR CON ADOLESCENTES

Los materiales han sido diseñados para usarse con niños de 8 a 13 años. Este apéndice da ideas sobre cómo configurarlos para usarlos con los niños mayores.

Lección 1. Soy importante para Dios

A. Los niños mayores pueden hacer su propio cubo o ayudar a escoger las preguntas de "conociéndose".

Considere la posibilidad de hacer del juego de pelota de Aprender los nombres más difícil. Por ejemplo, salir a la calle y patear una pelota de fútbol a una mayor distancia. También puede agregar reglas —por ejemplo, si pierden la pelota, tendrán que nombrar a todos en el círculo.

Otro juego de "conociéndose" es estar parados formando un círculo. La primera persona se presenta y nombra una actividad favorita haciendo una pose loca para demostrarlo: "Mi nombre es María y me gusta saltar la cuerda" (salta). La segunda persona presenta a la primera persona: "Se llama María y le gusta saltar la cuerda" (salta). Luego se presenta a sí misma y lo que le gusta hacer. Se sigue alrededor del círculo; la última persona tiene que saber el nombre y las acciones de todos, con ayuda del grupo o con recordatorios si es necesario.

B. Si usted tiene buenos lectores, después de contar la historia haga que se turnen para leer la historia. Pida voluntarios para que los que no saben leer bien no se alejen del grupo. Esto también da a los participantes la oportunidad de empezar a ponerse cómodos hablando en el grupo.

C. Después de completar el dibujo de sí mismos, haga que los niños mayores escriban palabras que los describen. Es útil no dar demasiadas indicaciones para que ellos puedan encontrar las palabras que los describen de forma exclusiva. Es posible que desee que digan cosas positivas acerca de sí mismos. Si tienen problemas para encontrar las palabras, regrese a la imagen el último día, después que hayan escrito cosas positivas el uno del otro.

D. Comience a buscar la clase de creatividad que su grupo más disfruta. Quizás les guste dibujar, o sean musicales y disfrutarían ponerle música a los versículos para memorizar, quizás la mayoría disfrute de actuar. Cuando tenga la opción de escoger, inclínese más a la clase de creatividad que su grupo disfruta.

Lección 2. ¿Por qué suceden cosas malas?

B. Cuando estén actuando, puede ser que participen más si usted toma fotos o graba un video. Si tiene más niños que roles de actuación, que alguien sea el director y otro el operador de cámara.

F. Con los niños mayores se pueden utilizar más palabras de sentimientos y hablar de las emociones tanto positivas como negativas. Otra idea es tener algunas tarjetas con palabras de sentimientos que coincidan con un ejemplo o una cara y jugar a Memoria, un juego en el que todas las cartas se mezclan y se colocan boca abajo. Cada persona puede dar vuelta dos cartas y tratar de encontrar las que coinciden para formar pares.

G. Esta es una gran oportunidad para que los muchachos compartan historias de guerra y cicatrices. Déjelos hacerlo, ya que les ayudará a unirse como grupo. Las niñas pueden compartir más acerca de las cicatrices emocionales.

Lección 3. Decir cómo nos sentimos

B. Quizás algunos niños mayores no disfruten del juego de la estatua. Este sería un buen momento para utilizar el juego de memoria (mencionado arriba) o tener una pila de tarjetas con sentimientos (tal vez quince o más) y luego ir por la habitación y representar qué es la emoción y dar un ejemplo.

C. Cuando se habla de los sentimientos en las lecciones 2 o 3, los chicos de más edad pueden identificarlos con algo físico. Por ejemplo, ir a un área abierta o boscosa y lanzar algunas rocas, mover algunos palos, dar puñetazos a algunas almohadas que les ayude a cerrar la brecha entre las cosas que les pasaron, y a sacarlas. Puede que digan frases como "no es justo eso...", y luego tirar la roca. A continuación, pueden discutir el valor de sacar las cosas que traemos dentro y formas saludables de hacerlo.

Lección 4. Sintiéndose solo

B. Un cuaderno especial para utilizar como diario es ideal para los niños mayores. Hable acerca de escribir un diario. Pueden escribir o dibujar algo. Pueden ser experiencias felices o tristes.

C. Un complemento a este ejercicio es vendarles los ojos a los niños y hacer que todos se den la mano y hagan un círculo grande. Luego pedirles que rompan el círculo soltándose de la mano de la otra persona. Después, lentamente, vaya alrededor del círculo y mueva a cada uno de ellos—dándolo vuelta o separándolo. A continuación, la discusión puede incluir estar en la oscuridad y tener miedo de la otra persona. Quizás regresen a casa a enfrentar una mala situación, por lo tanto, hablen de lo que deben hacer.

Lección 5. Construir su vida bien

B. Usted puede hacer que los niños más grandes compitan para construir un muro alto. Después hable de lo importante que es tener una buena base. Pregúnteles qué ladrillos son más importantes para tener una buena base. Luego pídales que pongan los letreros más importantes en los ladrillos más grandes y más fuertes (pueden ser amigos, educación o comida). Entonces usted puede hablar sobre cómo la educación conduce a un buen trabajo y dinero, lo que permite tener alimentos, vivienda y ropa.

C. Una opción para lograr la confianza es que los niños se turnen para dirigir. Esto les muestra que dirigir a otros puede ser un reto también. Hable sobre si se sienten más seguros con un líder que con otro.

D. Para este tiempo han producido una buena cantidad de dibujos y actuación. Usted puede hacer que cuenten una historia mientras juegan a "la papa caliente": pase una pelota o una papa, con algo de música o recitando un versículo de memoria. Cuando el versículo o la música se detiene, la persona que tiene la pelota, tiene que contar la siguiente parte de la historia.

Lección 6. La pérdida y el duelo

B. Esta es otra buena oportunidad para ampliar el diario. Deje que hagan dibujos o símbolos, también quizás sea bueno que escriban una historia, o incluso una carta sobre la persona o cosa que han perdido.

C. Después de hacer la actividad, vea si alguien quiere dar un ejemplo de un momento en que perdieron algo. Pídales que hablen acerca de su propio viaje a través de las aldeas. Puede ser bueno empezar con algo de menor impacto, como la pérdida de una posesión o cambiarse de casa, y luego pedir si alguien quiere compartir sobre lo que es perder a un ser querido. Mientras se cuenta una historia, que el resto del grupo ayude a identificar las etapas del duelo.

E. Para variedad en los dramas, trate de hacer que una persona actúe como un narrador, que haga mímica actuando las partes sin hablar; o haga que actúen la historia como los personajes que conforman su propio guion.

Lección 7. Decir no al toque inapropiado

C. Los niños mayores pueden no apreciar el uso de la muñeca, así que utilice el ejercicio de la imagen de las "sensaciones de nuestro cuerpo" (Lección 3C). Los niños mayores podrán usar las palabras adecuadas y decir y entender palabras como violación. Con los chicos mayores hablen de formas apropiadas de tocar a las niñas. Con las chicas mayores, así como con los adultos, hablen sobre decir "no" en las relaciones, qué es una relación saludable entre niño/niña y qué significa un toque saludable. Esto puede ser una oportunidad para hablar de sexo, sobre esperar hasta el matrimonio, y de estar pendientes y reconocer si algún adulto está tocando a sus hermanas o amigas de forma inapropiada.

Quizás los adolescentes pueden no apreciar la parte de correr durante el juego, pero use los escenarios y haga que hablen sobre si cada escenario es un toque bueno o un toque malo. Pídales que den otros ejemplos.

Un posible juego para jugar es Congelado. En este juego, una persona le corresponde alcanzar a los demás. Cuando toca a alguien lo congela (toque malo). Después otra persona viene del grupo general y lo toca para descongelarlo (toque bueno). Si se trata de un grupo pequeño, entonces la persona que le corresponde "congelar" trata de congelar a todos. Después se escoge otra persona que deba congelar o pueden turnarse.

Lección 8. Llevar nuestro dolor a la cruz

El tener tiempo para hablar con los niños mayores uno a la vez puede ser una manera para que abran su corazón si han estado esperando compartir pero no se sienten cómodos en el ambiente de grupo. Busque maneras de pasar tiempo individual con ellos, aunque se les haya dado tiempo para estar solos y orar y reflexionar sobre lo que han estado hablando. Entonces el líder se reúne con ellos, uno a la vez, para hablar y orar por ellos.

Lección 9. Puedo perdonar

C. Asegúrese de que todos se turnen para transportar una carga alrededor. O haga que todos la lleven al mismo tiempo. Dé un ejemplo de cómo un niño puede ser herido en varias ocasiones y haga que otro participante se tome de su brazo. Haga que pase el día atado a la espalda de la persona que no perdona, pero vaya añadiendo otras personas a la cadena. Explique que cuando se está cargando a tantos, incluso si pierde uno, los otros todavía se están aferrando.

Actividad complementaria

Pares
Poner tarjetas que hagan juego en un recipiente, con nombres de animales y acciones. Haga que cada niño saque una tarjeta, haga el sonido del animal o dramatice la acción, y que encuentre a la otra persona que esté haciendo lo mismo. Un ejemplo sería un perro moviendo la cola (deben ladrar y tratar de actuar como si estuviera moviendo una cola).

Otra persona sigue este juego haciendo la misma cosa con las emociones. Tienen que encontrar a la persona con la cara del sentimiento que coincida.

APÉNDICE 4: JUEGOS

En los campamentos de tratamiento del trauma, alterne sesiones de temas serios con momentos de diversión. Mientras que los niños están activos y divirtiéndose quizás no piensen acerca de su trauma, pero el sanar puede estar tomando lugar interiormente. También es bueno para ellos trabajar en equipo con otros.

Domingo por la noche

Leones y elefantes
Dividir a todos en dos equipos. Asignar un equipo para que sean los "leones" y el otro equipo los "elefantes". Pedir a cada equipo que se formen en filas paralelas, uno frente al otro, con una separación de cerca de 90 Cm entre ellos. La base de cada equipo está pasando la fila del otro equipo.

Explicar las reglas. En el juego el líder cuenta una historia. Cuando el líder dice la palabra "león" en la historia, los leones tienen que correr de regreso a su base (a propósito, este puede ser un buen juego interior en una habitación grande siendo la base la pared). Los elefantes tratan de tocar a los leones antes de llegar a su base. Si un elefante toma a un león, el león se convierte en parte del equipo del elefante. Entonces se alinean de nuevo y el juego sigue. Si el líder dice "elefantes", entonces, los elefantes tienen que volver corriendo a su base con los leones tratando de agarrarlos.

Puede sustituir los animales mencionados por animales que sean de esa zona.

Lunes por la mañana: Juegos de grupo

Carrera con balones de fútbol
Cada equipo debe unirse por los codos, formando un círculo, y manteniendo una pelota de fútbol entre ellos. Deben ir desde el punto inicial

al punto final sin que el balón salga del círculo, si sucede eso, entonces vuelven a la línea de salida.

Entrecruzarse

Utilizar los mismos equipos. Enviar a cada equipo a una esquina o zona. El objetivo del juego es ver qué equipo puede llegar a la esquina opuesta (en diagonal) más rápido utilizando las indicaciones del líder (si el líder dice "salta", los equipos deben ir a la esquina opuesta saltando). Esto crea bastante embotellamiento o "atascadero" en el centro. Llevar la cuenta de qué equipo gana cada cruce. El primer equipo en llegar a cinco gana.

Lunes a mediodía: Carreras de relevo

Para las carreras de relevo, divida a todos en grupos de hasta catorce miembros. Haga que todos formen un círculo y deles un número (si quiere cuatro grupos, numérelos 1, 2, 3, 4). Cada equipo se forma detrás de una silla, roca, señal o de un adulto con su número. Entonces dígales que cada vez tienen que ir a un punto señalado, siguiendo las instrucciones que damos a continuación. El primer equipo que logre que todos en su equipo vayan y regresen gana. Haga que el equipo que gane vaya primero a almorzar o a tomar el té.

Carreras con balones de fútbol

1. Cada persona patea el balón alrededor de un cono.
2. Dos niños sostienen el balón de fútbol entre la espalda, los codos bloqueados y le dan la vuelta al cono.
3. Empujar la pelota de fútbol con la nariz hacia el cono y correr de regreso.
4. Llevar el balón al cono y dejarlo. La siguiente persona lo toma y lo trae de vuelta.
5. Carrera de carretilla: Un niño sostiene las piernas de otro que camina en sus manos mientras empuja la pelota hacia el marcador y de regreso.
6. Correr hacia atrás pateando el balón hacia el cono y de regreso.
7. Dos niños se unen por los codos y tienen que permanecer juntos y patear la pelota hacia el cono y de regreso.

Lunes por la tarde

Tiburones y pececillos
Forme a todos en un lado de la zona y coloque a dos o tres niños y
líderes en medio de la habitación. El objetivo es que todos corran de
un lado de la habitación al otro sin ser atrapados por quienes están en
el medio. Los que son atrapados se añaden a los del medio.

Ameba encantada
Escoja dos personas, para que se tomen de las manos y persigan a los
demás. Cualquier persona que capturan se une a la cadena tomándose
de las manos. Cuando otra persona es sorprendida pueden permanecer
juntos o hacer pares por separado, pero deben dividirse en números
pares y pueden juntarse cuando quieran. Este juego se juega hasta que
nadie quede solo.

Martes por la mañana: Juegos de equipo

El dragón
Dividir el grupo en cuatro o cinco equipos. Ponerlos en línea y hacer
que pongan sus brazos alrededor de la cintura de la persona en frente
de ellos formando una larga cadena. Poner un trapo o un pañuelo en el
bolsillo de atrás de la última persona. El objetivo es que la persona de
un grupo tome la "cola" del otro, mientras que la cola del grupo trata
de evitar ser atrapado.

Equipo de fútbol
Cuatro o cinco equipos, cuatro o cinco goles. Cada equipo intenta anotar
en la meta de los otros equipos.

Martes almuerzo: Carreras de relevos

Globos
Haga que los campistas lleven globos al cono y de regreso:

1. Entre sus frentes.
2. Entre la espalda.
3. Debajo de la barbilla. No pueden usar las manos para mantenerlo
   allí.
4. Sobre una toalla llevada por dos personas que corren.

5. Entre las piernas.
6. Empujándolo con sus narices.
7. Pasando el globo sobre y debajo de los demás, después los últimos dos lo ponen en una toalla y corren alrededor de un obstáculo.

Si el globo se cae o se revienta, tienen que comenzar desde el principio.

Martes por la tarde

Cancán
Dividirlos en dos grupos. Coloque un bote de basura en el centro de cada grupo. Mientras más alto el bote, mejor. Los participantes hacen un círculo alrededor del bote y se dan la mano. Jalan y jalan en el intento de conseguir que alguien choque con el bote, pero sin soltarse de las manos del otro. Si un jugador toca el bote de basura de cualquier manera, queda fuera. También, si los jugadores se sueltan las manos ambos quedan fuera. El juego hace una pausa después de una eliminación, dando el tiempo necesario para que los jugadores vuelvan a tomarse de las manos.

Esquivar la pelota eterna
Se trata de esquivar la pelota sin límites. Cada persona por sí misma. Tenga pelotas por toda la zona de juegos. Una persona puede recoger una pelota y con las dos manos lanzarla a otros. Reglas típicas que aplican: Recibes un golpe, sales fuera; si tu tiro es capturado, sales fuera. Cuando la persona que te saca sale, tú entras de vuelta. El truco: Si tienes la pelota, no te puedes mover y debes permanecer quieto. (Este juego puede no ser apropiado para los niños más pequeños).

Miércoles por la mañana: Juegos de equipo

Robar el tocino
El grupo se divide en dos o cuatro grupos. Numere los campistas en cada equipo. Dibuje una línea de gol para cada equipo a unos veinte metros de distancia. Coloque el objeto "tocino" en el centro del área de juego.

- El líder menciona un número, y el campista con ese número de cada equipo corre al centro a robar el tocino y llevarlo a casa.
- Recibe un punto el equipo de aquel que lleva a casa el tocino sin ser tocado.

- Si un campista de un equipo toca al del otro equipo que lleva el tocino, su equipo obtiene un punto.
- Puede llamar varios números a la vez y tener varios jugadores de cada equipo activos.
- Puede tener múltiples "tocinos" si está usando varios jugadores a la vez.

Pinzas de ropa encantada
Todo el mundo tiene pinzas de ropa en las mangas y tiene que correr alrededor de los demás añadiendo más pinzas a su propia camisa. Si a alguien le quitan todas sus pinzas tiene que dar diez saltos antes de continuar jugando.

Almuerzo miércoles: Relevos

1. *Cangrejo gateador:* Gatear hasta el cono y volver, todo en cuatro patas como un cangrejo.
2. *Rana saltadora:* Ir hasta el cono y volver, todo saltando como una rana.
3. *Entrelazados:* Dos personas, con los troncos juntos y los brazos entrelazados, ir al cono y regresar.
4. *Túnel:* Correr a la parte de atrás de la línea y pasar por debajo de las piernas de su equipo. Después, ir alrededor del cono y regresar.
5. *Animal:* El líder grita como una clase de animal y la siguiente persona tiene que correr como ese animal.
6. *Círculo:* Correr hacia la silla/cono, darle cinco vueltas y correr de regreso.
7. *Carrera de pato o chimpancé:* Agarrarse los tobillos y hacer una carrera de relevo.
8. *Pinzas de ropa:* Colocar cinco pinzas de ropa en su camisa, correr al cono y de regreso, y luego ponerlas en la siguiente persona. Otra opción sería sentar al líder en una silla al final de la carrera; los participantes ponen una pinza de ropa en la camisa del líder y corren de regreso.
9. *Canguro:* Hacer la carrera saltando como un canguro.

Miércoles por la tarde

Tocar el codo

Todos forman pares en un círculo. Escoja dos personas para iniciar el juego y uno de ellos será el que le toca perseguir. Esta persona persigue a otra persona en la habitación. Ellos pueden ir adentro o afuera del círculo, pero es una buena idea tratar de mantenerlos cerca del círculo. La persona que está siendo perseguida trata de cruzar sus brazos con una de las personas que está emparejada en el círculo. Si se enganchan los brazos antes de que los toquen, entonces la persona que sostiene el brazo opuesto de la persona que estaba siendo perseguida se convierte ahora en la perseguida.

Si la persona que persigue toca a la persona perseguida, esa persona persigue ahora y trata de atrapar de nuevo.

Congelado

Cuando son tocados por el que persigue, la persona o personas tienen que congelarse hasta que alguien venga y los haga libres. Cuando suene el silbato la siguiente persona congelada es la que persigue.

Jueves por la mañana

Derribar

Cada campista salta sobre un pie, agarrando el otro pie por el tobillo con la pierna doblada hacia atrás. Para ganar, tiene que hacer que el contrario pierda el equilibrio, suelte su tobillo, se caiga o se salga del círculo. El único contacto permitido es chocar los hombros, no agarrar.

Las escondidas

Dos o tres jugadores se "quedan" y el resto va y se esconde. Cuando encuentran a las personas y las tocan se "quedan" también.

Sardinas

Una persona se esconde y todos tratan de encontrarla y esconderse con ella.

Almuerzo del jueves: Juegos

Montón de zapatos
Todos ponen sus zapatos al final de la meta y el primer equipo en calzarse de vuelta y regresar gana.

Pinzas de ropa
Una persona (o líder) se sienta en una silla. Todos tienen una pinza de ropa y tienen que ponérsela a la persona que está sentada.

Carrera de carros
Pídales que pasen una toalla por encima y por debajo de los otros en la fila. Cuando se llega a la última persona, se sienta en la toalla y dos personas más agarran los extremos de la toalla y llevan al piloto al frente. Entonces ellos corren hacia la parte de atrás y el piloto comienza pasando la toalla de nuevo.

Tirar pinzas de ropa
Dar a cada campista algunas pinzas de ropa. Pedirles que corran y echen una de sus pinzas en un bote de basura (pueden ser dos pinzas en dos latas) y regresen de nuevo.

Contar hasta diez
Correr y sentarse en una silla y contar hasta diez. Después, regresar a su lugar.

Carrera de tres patas
Haga que los campistas unan sus brazos y enganchen sus pies y corran hacia el cono y de regreso.

Jueves por la tarde

Hormiga muerta
Una persona es "la hormiga". Esta persona tiene que perseguir a los demás. Cuando toca a alguien, esa persona debe acostarse con las dos manos y los pies hacia arriba, como una hormiga muerta (porque todo el mundo sabe que así se ven las hormigas muertas). Para que la hormiga muerta cobre vida, cuatro personas deben tocar cada una de las extremidades.

Una vez que alguien ha sido una hormiga muerta tres veces (esto es en el sistema de honor), ahora "la tiene" siempre es posible tener varias personas que "la tengan" y hace que sea más divertido cuando no se sabe de quién escapar.

El terror
Comienza como etiquetado. Tan pronto como el que "la tiene" captura a alguien, ellos se toman de la mano. Ahora son parte del Terror también, y los dos tomados de la mano van en busca de víctimas. Todos los capturados por el Terror (solo los que tienen la mano al aire libre en cada extremo del Terror pueden arrebatar a los jugadores) le toman la mano y se convierte en parte de la cadena que se alarga. El Terror puede dividirse después de que sea lo suficientemente grande.

Viernes por la mañana

Sentarse
Todos la "tienen". Desparrámense por toda el área. Cuando suene el silbato cada uno trata de atrapar a todos los demás. Cuando alguien es atrapado se sienta. Si toca a dos personas a la vez ambos se sientan.

Patear la lata
Hay una lata o botella de agua o varias y una persona que "la tiene" de pie junto a ella. Todos tratan de patear la lata. Si el que "la tiene" toca a alguien que está tratando de patear la lata entonces ellos están fuera. Si la lata es pateada todo el mundo gana.

Proteja su globo
Haga dos equipos. Cada uno pone todos sus globos en una pila y luego los protege. Hay una línea divisoria/cuerda en el centro. Cada equipo intenta hacer estallar los globos de los oponentes. Cualquiera que es tocado pasa a estar "congelado" hasta que un compañero de equipo lo descongele.

Almuerzo del viernes

Repetir los juegos que les gustaron durante la semana.

Otros juegos

Adelantar

Dividir el grupo en al menos cinco equipos con cuatro o más jugadores por equipo. Configurar conos/sillas en un círculo grande y asignar un equipo. Cada equipo detrás de su cono, en el interior del círculo, con el primer jugador en la parte frontal del cono en el exterior del círculo. Cuando el líder dice empezar (o hace sonar un silbato), la primera persona tiene que correr alrededor de todos los conos, persiguiendo a la persona en frente de él o ella. El equipo detrás de ellos los persigue.

Después de una vuelta, se etiqueta a la siguiente persona en línea, que repite el proceso cuando el líder comienza la siguiente ronda. Se sienta en el extremo de su línea después de marcar a la siguiente persona en la fila.

El juego termina cuando un equipo no tiene a ningún jugador de pie.

Luz roja, luz verde

Un jugador (o un adulto) es elegido para que sea la persona que llama. La persona que llama se encuentra de espaldas a los otros niños, que están detrás de una línea de partida de cerca de 30 pies (10 metros) de distancia. Cuando la persona que llama dice en voz alta "luz verde", los niños corren hacia adelante para tratar de tocar a alguien. Deben avanzar lo más rápidamente posible, pero en cualquier momento la persona que llama puede decir "luz roja", momento en el que todos los niños se deben congelar. La persona que llama se voltea y si encuentra a alguien moviéndose, incluso un poco —lo envía de nuevo a la línea de salida.

Pelota dragón

Haga que el grupo entero forme un círculo. Elija cuatro o cinco personas para cada equipo. El primer equipo entra en el centro del círculo y forma una línea poniendo sus manos en la cintura de la persona enfrente de ellos. Las personas que integran el círculo lanzan la pelota al "dragón", tratando de darle con ella a la última persona debajo de la cintura. Una vez golpeada, la última persona regresa al círculo exterior y los jugadores siguen lanzando la pelota sobre la nueva persona al final del dragón hasta que la última persona es golpeada. Un nuevo equipo luego entra al centro. Tome el tiempo a cada equipo para ver quién dura más tiempo.

Otras actividades

Desafío de las partes del cuerpo
Haga que todos los niños griten juntos una parte del cuerpo y un número, como "seis narices". Luego los niños deben formar grupos de seis y hacer que sus narices se toquen. Los que sobran se quedan fuera o simplemente se unen la próxima vez. Este podría ser un buen juego para jugar después de la lección 7.

Haga que se formen grupos pequeños y luego que estos se formen en diferentes maneras. El primer grupo que se forma gana. Usted puede hacer que se formen por el tamaño del zapato, del más alto al más bajo, de mayor a menor, del más aseado al más sucio, por el largo del cabello, lo que usted quiera.

Saltar la cuerda
Entregue a cada grupo una cuerda de saltar. Mientras una persona salta, cada vez que salta tiene que decir algo acerca de sí misma (nombre, edad, de dónde es, una cosa favorita). Mire quién puede obtener el máximo de saltos.

APÉNDICE 5: FORMULARIOS E INFORMES

Formulario de consentimiento para Sesión de sanar las heridas del corazón de los niños

Club Sanar Corazones™

Nombre del niño _____

Edad del niño _____

Nombre de la organización o iglesia que envía este niño

_____

Yo, _____

autorizo a que el niño mencionado asista al campamento de sanar las

heridas del corazón, que tendrá lugar del _____

al _____ de _____.

❑ Mi hijo tiene problemas médicos actualmente *(describir)*:

❑ Mi hijo necesita tomar los medicamentos enumerados aquí:

Medicina	Veces al día

Firma: _____ *Fecha:* _____

Información del participante de la capacitación

Nombre:
Apellido:
Teléfono:
Correo electrónico:
Dirección:

Fecha de nacimiento:	Género : ❐ masculino ❐ femenino

País de origen:
Idioma preferido:
Otro idioma hablado:
Iglesia o denominación:
Organización (si es relevante):
Número de años de educación formal:

¿Tiene entrenamiento en educación mental?	❐ Sí ❐ No	Si la respuesta es sí, ¿cuántos años?
¿Ha asistido a un seminario o escuela bíblica?	❐ Sí ❐ No	Si la respuesta es sí, ¿cuántos años?
¿Ha vivido en otra cultura aparte de la suya?	❐ Sí ❐ No	Si la respuesta es sí, ¿cuántos años?

Ejercicio de informe de grupo para sanar

Haga una copia del formulario del informe del grupo para sanar (página 126) y llénelo a base del grupo para sanar descrito a continuación. Un folleto de una página de este ejercicio está en el *Paquete de Recursos del Facilitador del Club sanar corazones*.

Juan está listo para iniciar un grupo para sanar para niños en su iglesia, la iglesia Anglicana de San Pablo. Él habla con los líderes de la iglesia y juntos deciden comenzar con un grupo de niños que han perdido a uno o ambos padres. Él encuentra a dos personas para que le ayuden, María y Pedro. Las reuniones se anuncian, y aquellos que cuidan de los niños están felices de enviarlos. Él tiene 15 niños en el grupo. Después del acuerdo con la iglesia, encuentra que el sábado por la tarde es el mejor momento para reunirse, 2:00–5:00 p.m., aunque una semana la reunión se canceló debido a un partido especial de fútbol. Juan hace las sesiones en el idioma local, Bugabi. Al final, 13 niños, 6 niñas y 7 niños, seguían llegando. Juan enseñó todas las lecciones en el libro. El gasto principal de este grupo fue comprar una pelota, lápices y algunos marcadores. La iglesia ofrecía amablemente una merienda para los niños cada vez que se reunían. Muchos de los niños experimentaron que su dolor empezó a sanar y algunos maestros han comentado lo bien que los niños están comportándose en la escuela. Juan desea, sin embargo, tener más contacto con los padres y tutores porque dos de los niños parecen estar en una situación de mucha pobreza en casa.

Informe de la sesión de capacitación de facilitador de niños

Ubicación Ciudad, estado, país	
Sesión, ¿inicial o avanzada?	❐ inicial ❐ avanzada
Organización anfitriona	
Fecha de inicio	
Fecha de finalización	
Número de horas de clase	
Tiempo y duración de la reunión (1 vez por semana durante 2 horas, todos los sábados, etc.)	
Idioma principal de las sesiones	
Otros idiomas utilizados	
Facilitador principal	
Otros facilitadores	

Lecciones enseñadas A = Lección B = Historia de la Biblia	❑ Todas	❑ 1a ❑ 3a ❑ 5a ❑ 7a ❑ 9a	❑ 1b ❑ 3b ❑ 5b ❑ 7b ❑ 9b	❑ 2a ❑ 4a ❑ 6a ❑ 8a ❑ 10a	❑ 2b ❑ 4b ❑ 6b ❑ 8b ❑ 10b
Cantidad de aprendices de facilitador que iniciaron					
Cantidad de aprendices de facilitador que terminaron					
Cantidad que terminaron que son	_____ masculino _____ femenino				
Cantidad que terminaron que son	_____ anglicanos _____ ortodoxos _____ otro: _____		_____ católicos _____ protestantes		

Los niños en el período de sesiones

Cantidad de niños que comenzaron		Cantidad de	_____ niños _____ niñas
Cantidad de niños que terminaron		El rango de edad de los niños	

¿Qué logros experimentó? ¿Qué desafíos enfrentó?

Por favor, incluya dos testimonios, con fotos si es posible. Incluir información de los participantes.

Informe del grupo para sanar de los niños

Ubicación Ciudad, estado, país	
Organización anfitriona	
Fecha de inicio	
Fecha de finalización	
Cantidad de horas de clase	
Horas de reunión	
Idioma principal de las sesiones	
Otros idiomas utilizados	
Facilitador principal	
Otros facilitadores	
Lecciones enseñadas A = Lección B = Historia de la Biblia	❏ Todas ❏1a ❏1b ❏2a ❏2b ❏3a ❏3b ❏4a ❏4b ❏5a ❏5b ❏6a ❏6b ❏7a ❏7b ❏8a ❏8b ❏9a ❏9b ❏10a ❏10b
Cantidad de niños que comenzaron:	Cantidad que terminaron:
Cantidad que terminaron que son	_____ niños _____ niñas
Cantidad que terminaron que son	_____ anglicanos _____ católicos _____ ortodoxos _____ protestantes _____ otro: _____

¿Qué logros experimentó? ¿Qué desafíos enfrentó? Por favor, incluya dos testimonios, con fotos si es posible.

Informe de sesiones especiales de grupos para sanar de los niños

Nombre: _____

Ubicación _____ Idioma(s) : _____

Adjunte testimonios de impacto.

Fecha	Clase de grupo	¿Primer contacto? ¿Segundo? etc.	Horas de contacto	Facilitador principal	Otros facilitadores	Lecciones o partes de ejercicios hechos	Número de niños

SOBRE LOS AUTORES

Harriet Hill es directora del programa para el Instituto *Trauma Healing* de *American Bible Society* y coautora de *Sanar las heridas del corazón*. Ella ha trabajado a nivel internacional desde 1979. Entre sus libros están *Traduciendo la Biblia en acción* (2008, con Margaret Hill) y *La Biblia en el cruce de culturas: de la traducción a la comunicación* (2006). Recibió su doctorado en Estudios Interculturales del Seminario Fuller en el año 2003.

Margaret Hill sirve en ILV como coordinadora de interacción bíblica para África y ha trabajado internacionalmente toda su vida adulta. Ella es una de los coautores de *Sanar las heridas del corazón* y una maestra facilitadora en el Instituto *Trauma Healing*. Recibió su maestría en Educación de la Universidad de Manchester, del Reino Unido.

Margi McCombs es la directora del programa de sanar las heridas del corazón para niños y adolescentes del Instituto *Trauma Healing* de *American Bible Society*. Nació y creció en África occidental, trabajó por quince años internacionalmente, e hizo su pregrado en educación básica y especial y su maestría en consejería cristiana y un PhD en educación.

Las autoras extienden sus sinceros agradecimientos a Debbie Braaksma y Lyn Westman por su invaluable contribución a las primeras ediciones de este material.